KB270488

오직 여호와의 율법을 즐거워하여 그 율법을 주야로 묵상하는 자로다.

그 행사가 다 형통하리로다. (시편 1:2-3)

성서와 가난

Poverty in the Promised Land

Walter Brueggemann

성서와 가난

월터 브루그만

복 있는 사람

성서와 가난

2025년 8월 26일 초판 1쇄 인쇄
2025년 9월 2일 초판 1쇄 발행

지은이   월터 브루그만
옮긴이   박규태
펴낸이   박종현

(주) 복 있는 사람
주소 서울특별시 마포구 연남동 246-21(성미산로23길 26-6)
전화 02-723-7183(편집), 7734(영업 · 마케팅)
팩스 02-723-7184
이메일 hismessage@naver.com
등록 1998년 1월 19일 제1-2280호

ISBN 979-11-7083-284-3 03230

Poverty in the Promised Land
by Walter Brueggemann

제프 하스 트리오(Jeff Haas Trio)와
로리 시어스(Laurie Sears)에게

제프 하스 트리오(잭, 제프, 랜디), 그리고 색소폰 연주자 로리 시어스는 아주 훌륭한 경청자다. 그러나 그들은 그저 경청만 하는 이들이 아니다. 제프에게는 유대인의 독특한 감성이 있다. 그들은 음악을 통해 우리의 슬픔과 상실에 존재하는 틈새들을 세심히 어루만진다. 그들의 목소리는 새로운 가능성을 내다보는 우리의 가장 훌륭한 소망이다. 나와 티아를 위해 연주하며 많은 시간 동안 행복과 솔직함이 넘치는 호사를 선물해 준 그들에게 감사한다.

목차

추천 서문 ∘ 9

들어가는 글 ∘ 21

1장　탈취 ∘ 35

2장　집어삼킴 ∘ 51

3장　게으름 ∘ 71

4장　개인의 풍요함과 공중의 비천함 ∘ 91

5장　분리에 따른 부족 ∘ 113

6장　포기 ∘ 137

7장　탐냄 ∘ 161

결론
가난이 흐르는 약속의 땅 ∘ 181

옮긴이의 글 ∘ 189

추천 서문

월터 브루그만만큼 내 신학적 상상력에 깊이 영향을 준 사람은 없다. 그는 전설이다. 그는 지난 세기, 아니, 어쩌면 지난 천년을 통틀어 가장 풍부한 통찰을 보여준 사람일지도 모른다. 그런데 이 책은 더 특별하다. 여러분은 이 책에서 브루그만의 탁월한 해석뿐 아니라, 퓰리처상 수상 작가이자 『미국이 만든 가난(*Poverty, by America*)』의 저자 매슈 데즈먼드(Matthew Desmond)의 심오한 사회 분석을 얻을 수 있다. 이 책은 하나님이 만드신 최고의 문학 칵테일이다.

칼 바르트는 "한 손에는 성서를, 다른 한 손에는 신문을!"이라는 유명한 말을 남겼다. 바르트라면 바로 그 접근 방식을 취한 이 책을 사랑했을 것이다. 결코 믿음을 천국행 티켓이나, 우리가 살아가는 세상을 외면하는 핑곗거리로 사용해서는 안 된다. 그리스도인들은 천국에 사로잡혀, 이 땅의 지옥 같은 현실을 자주 무시하곤 했다. 좋은 소식은 하나님이 이 세상을 염려하신다는 것이다. 하나님은 죽음 이후의 삶뿐 아니라 죽음 이전의 삶에도 깊이 마음을 쓰신다.

분명히 말하면 이 책은 경제와 가난과 탐욕 그리고 구조적 불의를 다루지만, 동시에 예수와 복음을 다룬다. 이 책은 세상을 향한 하나님의 꿈을 이야기하며, 그 꿈은 모든 사람이 번성하는 데 필요한 모든 것을 갖는 것이다. 나는 전에 테레사 수녀가 했던 말을 기억한다. "하나님은 세상을 창조할 때 엉망으로 만들지 않으셨고, 사람을 지나치게 많이 만들지도, 자원을 지나치게 적게 주지도 않으셨다." 하나님은 완벽한 세상을 창조하셨지만, 인간이 그 완벽한 세상을 엉망으로 만들어 버렸다. 가난은 하나님이 아니라 우리가 창조했다. 물론 성령의 도움이 있어야 하지만, 우리가 창조했으니 우리가 끝낼 수 있다. 이 말이 우리가 분수도 모르고 하는 소리처럼 들릴지도 모르겠다. 그러나 이어질 장들을 읽다 보면 발견하겠지만, 우리에게는 가난을 끝내는 것을 포함해 모든 것을 가능하게 하시는 하나님이 계신다.

성서가 끈질기게 말하는 주제 가운데 하나는 '넉넉함'이다. 모든 이의 필요를 채우기에는 넉넉하지만, 모든 이의 탐욕을 채우기에는 넉넉하지 않다. 슬픈 아이러니는 이집트 노예로 살아가던 히브리 사람들이 파라오의 창고를 짓는 데 쓸 벽돌을 만들었다는 것이다. 그들은 어느 불공평한 제국에서 내일을 위해 부를 쌓는 부유한 사람들을 위해 벽돌을 만들었지만, 정작 그들이 가진 것으로는 오늘을 살기에도 부족했다. 그러다 하나님이 그들을 구해 내셨다. 하나님이 파라오의 제국을 탈출한 히브리 백성에게 (십계명을 내리시기 전에) 처음 내리신 명령 가운데 하나는 이것이다. "너희에게 필요한 것만 취하라"(출 16:16). 하나님은 만나를 하늘에서 비처럼 내려 주셨다. 이때 하나님은 그들이 하루치 양식보다 많이 취하면 구더기를 보내 남은 것을 다 먹어 치우게 하리라고 경고하신다. 그들은 하나님이 매일 베푸시는 섭리의 상징인 만나를 한 오멜(약 1.36킬로그램)만 취해야 했다. 그것은 신뢰가 걸린 명령이며, 탐욕과 가난을 막으려는 조치였다.

우리는 이 넉넉함에 관한 미세한 메아리를, "오늘 우리에게 일용할 양식"을 구하라는 가르침이 담긴 주기도에서 듣는다. 또한 우리는 그 메아리를 빵에서 자신의 것을 조금 떼어내 다른 이에게 전달하는 성만찬의 신비에서 본다. 바울은 초기 그리스도인들이 주의 식탁을 더럽힌다고 꾸짖었다. 어떤 이들은 그 식탁에 와서 굶주리지만, 어떤 이들은 제 입맛대로 배를 채웠기 때문이다. 고린도후서 8장 15절에서 바울은 "거두는 사람이 너무 많이 거두지 않으면" 모든 이가 넉넉해질 것이라고 약속한다. 하나님의 꿈에서는 우리가 서로 나눠야 비로소 모든 이가 넉넉해진다. 우리는 잠언이 그 비전을 되울려 주고 있음을 본다. "나를 가난하게도 마옵시고 부하게도 마옵시며, 다만 일용할 양식을 주옵소서."

초기 그리스도인들은 모든 소유를 공유하고 필요한 이들과 나누는 가운데, 첫 오순절에 하나님의 풍요의 경제가 분명히 나타남을 목격했다. 심지어 사도행전은 이런 대담한 선언을 한다. "그들 가운데 곤궁한 사람이 없었다"(행 4:34상). 초기 교회는 가난을 끝냈다. 우리도 가난을 끝낼 수 있다. 그 선언은 믿음에 기초한 대담한 선언이었다. 브루그만은 다음 장에서 매슈 데즈먼드의 작품을 토대로 이 선언을 다룬다. 넬슨 만델라는 이런 유명한 지적을 했다. "한 과업은 그것이 끝날 때까지 늘 불가능해 보인다." 세상을 바꾼 모든 사회 운동이 태동할 때, 많은 사람들은 "그건 불가능해!"라고 말했다. 그러다 운동이 실제로 일어나면, 사람들은 "그건 불가피하다"라고 말했다. 그러나 역사는 그냥 일어나는 것이 아니라, 누군가로부터 만들어진다. 이 책은 가난을 역사로 만드는 데 참여하라는 담대한 초대다.

아울러 이 책은 몇몇 사람의 속을 뒤집어 놓을 것이다. 그것이 진리가 하는 일이며, 복음이 하는 일이다. 복음은 어려움에 빠져 어쩔 줄 몰라하는 이들을 위로하고, 반면에 편안한 이들을 어려움에 빠뜨려 어쩔 줄 모르게 만든다. 복음은 언제나 가난한 이들에게 좋은 소식이기 때문이다. 복음이 가난한 이들에게 좋은 소식이 아니라면, 그것은 예수의 복음이 아니다.

성서에는 가난한 이들을 향한 하나님의 염려와 억압받는 이들을 변호하라는 하나님의 명령에 관한 구절이 2천 개가 넘는다. 우리가 복음에서 가장 먼저 만나는 비전 가운데 하나는 예수를 잉태한 마리아의 노래다. "힘 있는 자가 그 권좌에서 내던져지고 낮은 이가 높임을 받으리라. 굶주린 이가 좋은 것으로 배부르고 부자가 빈손으로 내보내지리라"(눅 1:52-53). 이것은 칼 마르크스가 아니다. 누가복음이다. 나는 복음이 마르크스나 어떤 형태의 사회주의나 공산주의보다 훨씬 급진적이라고 생각한다. 복음은 사랑, 그것도 도스토옙스키가 쓴 엄혹하고 무서운 사랑에 관한 것이다. 그 사랑이 있다면 우리는 이웃이 길바닥에서 자고 있을 때, 자신에게 남는 침대가 있다는 사실 때문에 밤새 잠을 이루지 못한다. "네 이웃을 네 자신처럼 사랑하라." 이런 유의 사랑은 우리에게 가난하고 소외된 이들을 위해 행동하라고 요구한다. 우리는 그 엄혹하고 무서운 사랑 때문에 붙잡힐 수도 있고 죽임당할 수도 있다. 바로 그런 유의 사랑을 이 책은 이야기한다.

그런 유의 사랑은 현재 사회 구조에 대한 도전이다. 우리는 지금 백만 명도 안 되는 부자들이 소유한 부와 세계 인구 절반(35억이 넘는 사람들!)이 소유한 부가 같은 세상에 살고 있다. 현재 억만장자 다섯 명이 가진 돈은 50개국의 경제를 합친 것보다 많다. 자신이 고용한 노동자들보다 500배나 많은 돈을 버는 최고 경영자들이 있다. 스포츠 스타들이 신발 광고로 벌어들이는 돈은 그 신발을 만들기 위해 작업장에서 착취당하는 사람들의 급료를 다 합친 것보다도 많다. 현재 세계에서 가장 부자인 일론 머스크 한 사람이 벌어들이는 돈은 적게 잡아도 1초에 500달러가 넘고 1분에 3만 달러가 넘으며, 하루에 4,600만 달러나 된다. 이는 안정되거나 지속 가능한 세상이 아니다. 허다한 사람들이 극심한 가난 속에서 살아가는 반면, 극소수의 사람들은 우리가 상상할 수도 없는 부를 독점하고 있다. 이런 불균형이 존재하는 한, 세상은 결코 안정될 수 없다. 우리는 모든 이가 넉넉히 가지고 어느 누구도 너무 많이 갖지 않는 세상을 바라셨던 하나님의 꿈에서 멀어져 버렸다.

이것이 바로 우리가 '구조적 불의'를 이야기해야 하는 이유다. 여러분이 이 빛나는 선언문에서 내내 보게 될 큰 가닥 가운데 하나가 바로 그것이다. 하나님은 만물을 새롭게 하고 계신다. 하나님은 만물을 바로잡고 계신다. 하나님은 우리 안에 있는, 그리고 세상 안에 있는 부서진 것을 모두 구속하고 계신다.

우리는 성서에 기초한 경제 정의의 매우 이른 사례 중 하나를 레위기에서 발견한다. 희년은 하나님이 공동체의 자산 구조 전반을 일방적으로 개편하신 것이다. 이를테면 그것은 하나님의 첫 수선 프로젝트였다. 이 프로젝트는 불평등을 체계적으로 해소하는 조치로서, 구조적 불의와 불평등한 부의 분배(그리고 가난)를 치유하기 위해 때마다 이루어져야 했다. 이제 여러분은 브루그만이 하는 말을 듣겠지만, 희년은 빚을 탕감해 주고 노예의 멍에를 벗겨 자유인이 되게 하며, 부를 재분배하고 땅을 회복시켜 주시려는 하나님의 비전을 담고 있다. 성서를 사랑하는 수많은 사람들과 근본주의자들이 희년을 문자 그대로 받아들여 주기를! 그렇게 되면 우리는 지금과 다른 종류의 세상에서, 모든 이가 자신에게 필요한 모든 것을 갖도록 하나님이 계획하신 모습에 훨씬 가까운 세상에서 살아갈 것이다. 이스라엘 백성이 희년을 전혀 실천하지 않은 것 같다고 지적하는 이들이 있지만, 내 친구 가운데 하나는 "사실은 그리스도인도 산상설교를 전혀 실천하지 않았다!"라고 말한다. 그것은 여전히 하나님의 명령이고 우리를 향한 하나님의 비전이다. 이 책은 여러분에게 희년을 다시 상상해 보라고, 불의를 창조적으로 끊어 내라고 촉구한다.

우리가 예수를 따른다면 '긍휼함'을 지녀야 한다. 긍휼은 복음의 핵심으로서 우리를 정의로 이끈다. 마틴 루터 킹 주니어 목사는 이렇게 말했다. "우리는 모두 선한 사마리아인이 되어, 여리고로 가는 길가 도랑에 빠진 우리 이웃을 건져 올리라는 부름을 받았다." 그러나 여러분은 아주 많은 사람들을 도랑에서 건져 올린 다음, "우리는 여리고로 가는 길을 재고해 봐야 한다"라고 말하기 시작한다. 고인이 된 데즈먼드 투투(Desmond Mpilo Tutu) 대주교는 이렇게 말했다. "우리가 사람들을 강에서 끌어내길 그만두어야 할 시점이 왔다. 이제 우리는 강 상류로 올라가, 그들이 왜 물에 빠지고 있는지 알아내야 한다." 나치에 반대하다가 처형당한 디트리히 본회퍼는 또 이렇게 말했다. "우리는 불의의 바퀴에 깔린 희생자들의 상처를 싸매 주기만 하지 말고 그 바퀴 자체를 저지해야 한다."

우리는 사람들에게 양식을 제공해야 한다. 그러나 동시에 먼저 그들이 왜 굶주리는지 물어야 한다. 내 친구이자 멘토인 존 퍼킨스(John Perkins) 박사는 이 말을 이렇게 받아들인다. "여러분이 누군가에게 물고기 한 마리를 주면 그는 그것으로 하루는 살 것이다. 그러나 그에게 물고기 잡는 법을 가르쳐 주면 남은 삶을 살 것이다." 그는 여기에 이 말을 덧붙인다. "그러나 우리는 연못을 소유한 사람에게도 무언가를 해야 한다." 사람들을 먹이는 것은 긍휼을 보이는 일이기에 거룩하다. 그러나 사람들이 평등하게 연못에 갈 수 있도록 확실히 보장하는 것은 정의이며, 이 역시 거룩하다. 정의를 행하려면 생명을 살리는 예언자의 능력이 있어야 한다. 그것은 단순히 사람들을 도랑에서 건져 올리는 일을 넘어선다. 브루그만이 우리 안에서 휘저어 일으키는 것이 그런 예언자의 상상력이며, 그 상상력이 이 책 곳곳에서 흘러넘친다.

개인 구원과 사회 변혁은 나란히 간다. 그 둘은 가위의 두 날 같아서 하나로 결합할 때 가장 잘 작동한다. 또는 노 젓는 배의 두 노와 같다. 하나님 사랑과 이웃 사랑은 서로 연결되어 있다. 하나님은 개인의 하나님이시자 사회의 하나님이시다. 하나님은 죄로 가득한 개인들을 구원하고 계시지만, 동시에 죄가 넘치는 세상을 구속하고 계신다. 복음은 영혼 구원뿐 아니라 사회 체계와 관련된다. 예수는 뜬구름 잡는 신학 사상을 논하시기보다 이 땅의 사람들, 곧 불의한 재판관, 과부, 날품팔이꾼, 탐욕스러운 주인, 지칠 줄 모르는 포도밭 일꾼에 관한 비유 이야기를 들려주셨다. 예수는 늘 "하나님 나라"에 관해 말씀하셨다. 그 나라는 그저 죽어서 가는 곳이 아니라, 우리가 "하늘에 있는 것처럼 땅에도" 가져와야 하는 것이다. 분명 우리는 삭개오라는 세리와 같은 개인의 구원 이야기들을 만나지만, 동시에 그의 변화는 경제적 변혁을 보여준다. 그가 그의 모든 소유 중 절반을 팔아, 자신이 속여 빼앗은 이들에게 네 갑절로 갚았기 때문이다. 그는 배상, 곧 경제적 배상을 했다.

하나님은 이 세상을 구속하고 계신다. 아울러 우리가 그 혁명의 일부가 되기를 원하신다. 하나님은 우리에게 세상을 새롭게 바라보라고 말씀하신다. 가난에 무뎌지지 말고, 이웃의 고난을 어쩔 수 없는 것으로 여기지 말라고 촉구하신다.

이 책은 우리에게 하나님이 아메리칸드림과는 다른 꿈을 갖고 계심을 되새겨 준다. 하나님의 꿈은 모든 어린이가 음식과 거처를 갖고 의료 복지를 누리는 것이다. 하나님의 꿈은 피난처를 찾는 모든 사람이 안전한 피난처를 얻는 것이다. 하나님의 꿈은 끄트머리가 첫째가 되고 첫째가 끄트머리가 되는 것이다. 하나님의 꿈은 우리의 무기를 쳐서 농기구로 만들고 더 이상 전쟁을 계획하지 않는 것이다. 브루그만은 늘 그랬듯이, 우리에게 하나님과 같은 꿈을 꾸며 그분의 일에 동참하라고 독려한다. 우리는 우리가 살고 있는 제국에 순응해서는 안 된다. 우리는 저항하는 예언자여야 하고, 사랑을 원동력으로 삼는 혁명가여야 한다.

나는 내 벗 토니 캄폴로(Tony Campolo)와 함께 20년 넘게 사역했다. 이제 거의 90세인 그는 몇 년 전에 뇌졸중이 와서 행동이 좀 느려졌다. 그러나 그것은 그의 꿈과 더 나은 세상을 향한 비전을 가로막지 못한다. 토니는 종종 이렇게 말한다. "우리는 우리의 꿈만큼 젊고 우리의 냉소만큼 늙었습니다." 나는 30년 전 이스턴 대학교(Eastern University) 학부생일 때 그가 그렇게 말하는 것을 들었다. 그는 그 말을 하고 드라마의 한 순간처럼 뜸을 들인 다음, 크고 다부진 미소를 짓고 두 눈을 반짝이며 이런 말을 이어 갔다. "저는 여러분 대다수보다 젊습니다. 여러분은 아주 냉소적이니까요."

월터는 내 벗 토니보다 나이가 좀 더 많다. 그는 90세를 넘겼지만 여전히 젊다. 그가 젊은 것은 그가 꾸는 꿈들이 소망으로 생기 있고 활력이 넘치며, 그 소망은 하나님의 성품과 약속에 깊이 뿌리박고 있기 때문이다. 그는 여전히 어떻게 꿈을 꿔야 하는지 안다. 그는 냉소주의 앞에서도 지치거나 포기하지 않는다.

냉소주의 때문에 무감각해지기에는 너무 많은 것이 위험에 처해 있다. 그러므로 여러분은 생각을 열고, 굳어 버린 마음을 부드럽게 하며, 출발할 준비를 해야 한다. 여기에 복음이, 언제나 가난한 이들에게 좋은 소식인 예수의 복음이 있다.

여담이지만 나는 90세가 되어서도 여전히 책을 쓰기를

진심으로 소망한다. 월터, 고마워요. 당신은 이 세상에 주어진 귀한 선물이고, 이 책 역시 그런 선물입니다.

— 셰인 클레어본[*]

---

[*] 기독교공동체개발협회 이사, 심플웨이(The Simple Way) 설립자. 저서로 『믿음은 행동이 증명한다(*The Irresistable Revolution*)』, 『총을 부수다(*Beating Guns*)』 등이 있다.

역사와 자료가 중요하지만 신학도 중요하다

늘대가 어린양과 함께 살고 표범이 새끼 염소와 함께 누우며
송아지와 사자와 살진 짐승이 함께 있고, 어린아이가 그들을
끌리라. 암소와 곰이 함께 풀을 뜯고, 그들의 새끼가 함께
누우며, 사자가 소처럼 풀을 먹으리라. 젖 먹는 아이가 독사
구멍에서 장난치며, 젖 뗀 아이가 독사 구멍에 그 손을
넣으리라. 그들이 내 모든 거룩한 산에서 해를 입지 않고
파멸당하지도 않으리니, 이는 물이 바다를 덮듯 땅이 주를 아는
지식으로 가득하기 때문이라.

(사 11:6-9)

이 책은 브루그만이 2020년부터 블로그에 쓴 짧은 에세이들
을 바탕으로 집필하여, 2022년 5월부터 내놓은 일련의 작
품 가운데 네 번째에 해당한다. 그 에세이들은 브루그만의
예언자적 '기량'이 절정에 도달했음을 보여준다. 예수가 첫

기적 때 만드셨던 포도주처럼 브루그만이 그의 가장 좋은 것을 자신의 마지막 날을 위해 아껴 두었을 것이라고 상상하기는 어렵다. 그러나 나는 그의 에세이를 하나둘 읽어 가면서, 오히려 그가 자신의 가장 좋은 것을 그의 마지막 날을 위해 아껴 두었음을 발견한다. 부르그만은 각 에세이에서 성서적 주해 방법(그는 이 주해 방법의 대가다)을 이 시대의 사회 문제 하나하나에 차례로 적용한다. 21세기 초기의 누구도 이 시대의 신학과 사회 문제를 이런 식으로 성찰하지 못했다. 설령 그렇게 곱씹는 사람이 있다고 해도, 브루그만만큼 효과적이고 정직하며 은혜롭게 성찰하는 사람은 아무도 없다.

브루그만은 일주일에 책 19권을 읽고 하루에 신문 2부를 읽는 생활을 수십 년 동안 해왔다. 그는 어렸을 때 그의 아버지 오거스트 목사도 읽지 않는 「크리스천 센추리(*Christian Century*)」를 읽었다. 그는 자그마한 학교 도서관의 책들을 다 섭렵했고, 사서는 그가 읽을 책을 시 도서관에서 더 가져와야 할 정도였다. 브루그만은 무엇보다 왕성한 독서가였기 때문에 많은 책을 쓸 수 있었다. 그러나 그는 그냥 아무 책이나 읽어 대는 사람이 아니다. 그는 무엇보다 먼저 성서를 읽는 사람이다. 성서와 그 성서의 하나님이 그의 렌즈, 그의 틀이 되었다. 우리 같은 사람들은 하나님이 하실 법한 일을 생각도 안 해봤지만, 그는 그 렌즈를 통해 하나님이 하실 법한 일을 보고 해석하며 예언자처럼 상상한다. 아이와 독사가 어린이집에 함께 있다? 늑대와 어린양과 사자와 송아지가 함께 들판을 돌아다니며 같은 여물통에서 먹이를 먹는다? 브루그만의 세계에서는 단연코 그렇다! 이는 브루그만이 내가 아는 어떤 사람보다 성서를 진지하게 받아들이고, 본문이 말하는 하나님이 마치 어떤 일이라도 다 할 수 있는 것처럼 자유로우신 주권자라고 믿기 때문이다.

그것이 바로 내가 이 책에 아주 고마워하는 이유다. 분명 '가난'은 브루그만의 오랜 관심사이며, 그가 수십 년 동안 다루어 온 주제다. 브루그만의 아들 짐은 아버지가 저녁 뉴스를 보면서 가난한 이들을 대상으로 한 정부 정책에 관해 투덜대던 모습을 기억한다. 그러나 어린 시절 브루그만은, 회중이 그들을 섬기는 목사에게 사례는 적게 하면서도 아주 많은 것을 기대한다며, 부모님이 조용히 중얼거리는 말을 들은 적이 있다. 브루그만의 아버지는 해마다 2주간 서부로 휴가를 떠나 밀 수확 품꾼으로 일했는데, 이때 아버지는 한 해의 나머지 기간에 목사로서 받는 사례보다 많은 수입을 올렸다. 브루그만은 부자들에게, 또는 적어도 그가 살던 조그만 도시에서 남들보다 많이 가진 재산으로 불평등을 만들어 내는 이들에게 불만을 품으며 자랐다. 그런 불의는 그의 어머니가 가족 유산 분배에서 배제되었을 때 더더욱 분명하게 드러났다. 희소함, 결핍 그리고 절약이 브루그만이 보낸 어린 시절의 현실이었다.

그러나 불의가 횡횡하고 이웃 사랑이 없는 현실은 브루그만이 자란 미주리의 외딴 도시 블랙번에 있던 교회와 그의 가정 너머에도 퍼져 있었다. 짐 크로우(Jim Crow)[1]는 블랙번에도 살고 있었다. 브루그만과 그의 형 에드는 아버지에게 도시 건너편의 흑인 교회에 출석해도 좋다는 허락을 받곤 했는데, 이는 일찍이 그가 목격했던 인종과 소득에 근거한 분리(차별)를 향한 저항이었다. 브루그만이 처음 했던 일 가운데 하나는 분리하지만 분명 평등하지 않은 차별을 당하고 있던 흑인 학교 청소를 도운 것이다. 브루그만은 자신의 가족이 다른 가족보다 가난하다는 것을 잘 알았지만, 이렇게 계속되는 가난이 흑인 공동체 속에는 더 깊이 박혀 있으며 브루그만 자신이 살던 환경 바깥에서도 그러하다는 것을 이내 깨달았다. 가난과 불평등을 향한 브루그만의 분노는 그 자신뿐만 아니라 피부색과 지위, 정체성에 상관없이 가난하고 소외된 이들을 생각하며 품은 것이었다.

---

1   아프리카계 미국인을 가리키는 멸칭이다. 짐 크로우 법은 "분리하나 평등하다"(separate but equal)라는 말로 포장한 흑백 인종 차별법을 가리키는데, 1876년부터 1965년까지 주로 미국 남부 지역 주들에서 시행되었다.

이웃 사랑은 브루그만의 작품에서 자주 다루어지는 주제다. 아울러 이 주제는 그가 으레 말한 것처럼 독일 개신교 경건주의의 순박한 신앙과 직접 이어져 있다. 이는 구대륙(Old World)의 분쟁을 최소화하고, 하나님과 이웃을 사랑하라는 예수의 새 계명이 제시하는 순전한 복음의 진리를 반영하려 했던 평화적인 기독교 사상과도 관련된다. 사실 그것은 브루그만을 형성한 "본질인 것에는 통일을, 본질이 아닌 것에는 자유를, 그리고 모든 것에 사랑을"이라는 모토에 충실한 것이었다.[2] 나는 브루그만에게 그의 전기에서 무엇을 말하고 싶은지 물었다. 이때 그는 곧바로 자신이 젊은 날에 만났던 독일 개신교 경건주의에서 멀리 벗어나지 않았다고 대답했다. 하나님 사랑과 이웃 사랑이라는 이 소박한 복음의 메시지가 브루그만이 쓰고 설교하며 가르친 거의 모든 것을 이끌었음을 알려면, 100권이 넘는 그의 저서를 다시 읽어 봐야 한다. 브루그만이 소외된 이들을 품어 안을 때, 교회의 진보주의자들이 그를 품어 안았다. 그러나 그가 주장하는 가치들이 성서에 기초하고 있다는 깊은 신학적 신념을 놓친 이가 많았다. 많은 복음주의자들은 브루그만이 주장하는 진보적 사회 강령과 그와 비슷한 진보주의자들을 거부

들어가는 글

2　Walter Brueggemann, *Prophetic Imagination* (Minneapolis: Fortress Press, 2001), 53. (『예언자적 상상력』, 김기철 옮김, 복 있는 사람, 2023)

했으며, 그 강령의 길잡이가 된 것이 바로 성서에 대한 그의 진지한 헌신임을 간파하지 못했다. 브루그만은 성서와 가난하고 소외된 이들을 영원히 사랑하고 찾으시는 성서의 하나님에게 기초하지 않은 채, 사회 정의를 추구하려고 노력하거나 그것을 옹호하는 데 시간을 할애할 수 없다고 내게 자주 말했다. 가난한 이들을 위한 정의에 바친 브루그만의 헌신은 모든 사람을 위한 하나님의 사랑으로 가득 차 있다.

브루그만은 아버지를 향한 교회의 대우에 씁쓸한 기억이 있지만, 여전히 교회를 사랑한다. 그는 구십 평생 동안 거의 모든 위치와 각도에서 교회의 추한 뒷면을 봤다. 내가 브루그만에게 그럼에도 여전히 교회를 사랑하는 이유를 물었을 때, 그는 이렇게 말했다. "그래도 교회가 여전히 그 이야기(the Story)를 담고 있는 유일한 실체이고, 교회가 제구실을 하는 곳에서는 이웃 사랑이 왕성하기 때문입니다." 선교 지향(missional)이라는 말이, 그것을 잘 아는 전문 컨설턴트, 교회 장의자에만 앉아 있는 이들을 이웃 속으로 끌어오는 정교한 기술, 그리고 유명 연사를 초청하는 값비싼 워크숍과 함께 등장하기 오래전부터 브루그만의 메시지가 이미 선교를 지향했다는 사실을 간과한 이가 많다. 아니, 브루그만에게는 선교 지향이 언제나 복음이었고 복음은 언제나 선교 지향이었다. 아울러 복음과 관련한 모든 것과 마찬가지로 이웃 사랑도 단순하며 복잡하지 않았다. 심지어 멸시받는 사마리아인도 유대 지도자가 할 수 없는 일을 할 수 있었다.

목사이자 사회학자인 내가 이 특별한 책을 사랑하는 까닭이 있다. 그것은 미국에서 일어나는 쫓아냄(eviction)을 다룬 작품[3]으로 퓰리처상을 받은 사회학자 매슈 데즈먼드가 미국의 가난을(이 경우에는 미국이 야기한 가난을) 정교하게 분석한 결과[4]를 브루그만이 받아들여, 거기에 그를 아주 유명하게 만들어 준 예언자적 상상력을 덧입히기 때문이다. 브루그만은 언젠가 내게 자신의 해석학 접근법은 단순하다고 말했다. 성서 본문을 연구하여 그 역사의 움직임과 실체를 알아내고 그 혼합물에 사회학을 덧붙인 다음, 다시 그 위에 성서에 나타나는 하나님의 활동을 오늘날 하나님의 활동에 결합하는 신학적 관점을 덧붙이는 것이 그의 접근법이다. 브루그만은 이 책에서 데즈먼드가 혼자서는 우리에게 제공하지도 않고 제공할 수도 없는 즐거운 만족감을 준다.

데즈먼드는 그의 책으로 다른 이들과 조금 다른 무언가를 하기 시작한다. 그는 가난한 이들의 상황을 염두에 두고 쓰인 책이 많지만, 미국에 존재하는 가난의 구조적 난제와

---

3 『쫓겨난 사람들(*Evicted: Poverty and Profit in the American City-Poverty and Profit in the American City*)』, 황성연 옮김, 동녘, 2016.

4 이 결과를 담은 책은 『미국이 만든 가난(*Poverty, by America*)』, 성원 옮김, 아르테, 2023.

체계적 근원에 눈길을 돌린 책은 아주 적다고 지적한다. 그런 가난의 구조적 난제와 체계적 근원은 부를 소유한 이들이 일부러 만들어 내고 유지해 온 것이다. 그는 미국에서 더 큰 평등을 목도하기를 원하는 우리에게 60년 전의 자료보다 훨씬 큰 낙심을 안겨 주는 최근의 자료를 제시한다. 그는 공화당이 진보 진영에 비해 가난 문제를 해결하는 데 최악의 성과를 보였다고 기탄없이 말한다. 그러나 그는, 그럴듯하게 말하지만 보수주의자처럼 행동하는 진보주의자들도 거침없이 비판한다. 그의 책에는 모든 사람을 불편하게 만드는 무언가가 있다.

데즈먼드가 내놓은 가난의 해결책은 정곡을 찌른다. 데즈먼드는 정책 변화와 구조적 재분배를 이야기하는데, 구조적 재분배가 조만간 현실로 이루어질지에 대해 다소 회의적이다. 하지만 그는 구조적 재분배뿐 아니라 부자와 가난한 자, 백인과 흑인과 황인 사이에 존재하는 틈새, 그리고 우리나라와 거기에 사는 사람들을 갈라 놓은 차별과 불평등의 수많은 근원을 해결할 수 있는 하나의 대답으로 이웃 사랑(neighborliness)[5]을 제시한다. 이 지점이 바로 브루그만이 가난에 대한 데즈먼드의 분석을 진심으로 "아멘" 하고 환영하

---

5   이 책에서는 이 말을 이웃 사랑이나 이웃의 본분으로 옮겼다.

면서 다른 누구도 하지 못하는 일을 행하는 곳이다. 그는 정경을 가로지르는 여정으로 우리를 데려가 이웃 사랑이 진정한 경건임을 우리에게 되새겨 준다! 우리가 에덴에서 하나님과 단절된 뒤, 하나님은 우리를 서로 멀어지게 만든 다리들을 복구하고, 우리의 이기심에 기초한 사회 구조 속에 존재하는 장벽과 담장을 허물며, 모든 피조물을 자신이 있는 곳으로 인도하는(사 40장) 대로를 내고자 일해 오셨다. 우리는 한 산을 바라본다. 그 산은 사자와 어린양과 어린이와 독사가 마침내 이웃이 되고, 어쩌면 부자와 가난한 자, 흑인과 황인과 백인, 공화당 지지자와 민주당 지지자, 무신론자와 신자까지도 이웃이 될지 모른다고 상상할 수 있는 곳이다. 브루그만은 이런 일이 머지않아 블랙번, 디트로이트, 필라델피아에서, 좋은 땅이 여전히 주께 속한 곳이면 어디에서나, 그리고 주의 임재가 물이 바다를 덮음과 같이 땅을 덮는 곳에서 현실로 이루어질 수 있다고 믿는다. 이것이 브루그만의 아름다움이다.

브루그만처럼 데즈먼드도 목사의 아들이며 교회 내부의 부유한 사람들이 제멋대로 했던 선택의 희생양이다. 그는 자기 아버지의 직업이 가족에게 가져다준 상대적 가난에 분개했다. 때로는 신학적 메아리가 데즈먼드의 예리한 사회학적 분석과 함께 떠돈다. 아울러 데즈먼드와 브루그만은 모두 사회 구조가 부자와 특권을 누리는 이들에게 유리한 쪽으로 짜여 있다고 생각한다. 가난은 인간 사회에서 우연히 발생한 것이 아니라, 힘 있는 자들이 자신의 특권과 지위를 유지하려고 꾸민 음모의 산물이다. 그러나 동시에 브루그만과 데즈먼드는 모두 힘 있는 자들을 지지하는 사회 구조를 지닌 세계를 해체하여 평등하고 정의로운 세상을 만들 수 있다고 주장한다.

데즈먼드가 옛 세상을 해체하고 새 세상을 만들고자 가장 먼저 선택한 것은 새로운 정책과 정치적 선제 조치와 관련된다. 그러나 동시에 그는 이런 일을 이웃 사랑이라는 관점에서 수행하면서, 이웃들로 구성된 한 나라가 다 함께 주위 사람들에게 참다운 사랑을 실천함으로써 나라 안에 존재하는 분열을 종식시킬 수 있으리라고 상상한다. 데즈먼드는 우리 이웃 사이에 존재하는 차별이 비단 인종만이 아니라 소득과 경제라는 요인 때문에 발생한다는 점을 지적하는 데 상당한 시간을 들인다. 그러나 우리가 소득과 부에 따라 차별받는다는 명백한 사실은, 우리가 인종에 따라 차별받는다는 것을 의미할 수밖에 없다. 인종에 따른 차별은 결국 미국 사회가 역사 내내 모든 차원에서 흑인과 황인에게 저지른 억압 때문이다.

브루그만은 1970년대 초에 해방신학을 발견하고 미국

의 계층화된 사회에 대한 갈등론적 관점을 취한 뒤로 줄곧 그래왔듯이, 데즈먼드의 근본적인 논지를 받아들인다. 그러나 브루그만은 성서를 테이블 위로 가져와, 우리 이웃 속에 존재하는 가난이 새로운 문제나 미국만의 문제가 아니라 인간 전체의 문제임을 우리에게 보여줌으로써 데즈먼드와는 다른 길로 간다. 즉 그 가난은 하나님의 백성이 해결해야 할 문제다. 그것은 교회가 자신의 사명을 다하지 못해 발생한 문제다.

결국 이 책은 지난 20년 동안 선교 지향 언어, 선교 프로그램 등 온갖 활동과 형식으로 자신을 가려 온 교회에 경종을 울린다. 교회 출석률은 계속 줄고 있으며, 우리의 자녀들은 교회를 등지고 있다. 교회는 점점 더 노인만의 교회가 되어 가고 있다. 그러나 늘 그랬듯이 브루그만은 성서의 시각과 해결책을 제시한다. 그 해결책은 우리가 성서의 하나님을 예배하는 하나님의 백성이라면, 우리가 다다를 수 없는 머나먼 곳에 있지 않다. 바벨론에 포로로 잡혀간 하나님의 백성처럼 우리가 샬롬을 주위 사람들에게 건넨다면, 샬롬은 마지막 날에 우리에게 되돌아올 것이다. 우리의 이웃 가운데 샬롬이 있는 곳에서는 음식과 음료와 피난처와 우정이 넉넉히 돌아갈 것이다. 그러나 그런 일은 우리가 끊임없이 이웃에게 샬롬을 나눠 줄 때만 이루어진다.

나는 이 작은 책에 "성서와 가난"(원제는 *Poverty in the Promised Land: Neighborliness, Resistance, and Restoration*)이라는 제목을 붙였다. 이는 이스라엘이 이집트를 탈출해 약속의 땅으로 향하는 성서 이야기가 브루그만이 오랜 시간 선호해 온 주제였기 때문이다. 그것은 노예 상태에서 자유로, 가진 것이 없는 상태에서 모든 것을 가진 상태로, 적대감에서 화해로, 심판에서 은혜로, 가혹함에서 환대로의 이동이다. 모든 이가 환대받고 사랑받고 자유롭고 평등하며 하나님의 자녀인 집으로, 하나님의 모든 은총이 우리를 더 가까이 이끈다. 브루그만은 하나님의 백성이 약속의 땅에서 이웃을 사랑하라는 계명을 지키지 못했으며, 교회 또한 예수가 주신 지상 명령 가운데 두 번째 명령을 따르지 못했음을 인정한다.

마찬가지로 유럽의 정복자들이 그 시초부터 다시 한번 약속의 땅이라 여겼던 미국에서도 가난하고 소외된 이들이 죽음과 파멸을 겪는 똑같은 이야기가 되풀이되었다. 그곳은 힘이 있는 이들에게 자신의 생명을 다 바치겠다고 약속한 이들에게만 약속의 땅이 되었을 것이다. 최고가 입찰자에게 하나님 이름으로 자신을 바치겠다고 약속한 이들에게만 약속의 땅이 되었을 것이다. 산상설교의 가르침을 저버리고 월스트리트, 월마트 그리고 가진 자와 가지지 못한 자를 가르는 벽들에 자신을 바치겠다고 약속한 이들에게만 약속의 땅이 되었을 것이다. 브루그만은 구약성서에서 솔로몬의 통치가 정해진 때를 따라 자유를 재설정하고[6] 부를 재분배하려는 하나님의 계획을 무너뜨렸다고 지적한다. 그는 21세기 초인 지금 자본주의가 노예와 불평등, 불의를 만들어 내는 메커니즘이라고 계속해서 지적한다.

데즈먼드와 브루그만은 이웃 대 이웃의 차원에서 약자들 그리고 그렇지 않은 이들을 갈라놓은 선이 옅어지지 않는 한, 미국은 가난한 이들과 소외된 이들에게 가망 없는 곳이라고 분명히 밝힌다. 복도와 거리와 현관과 다리를 가로질러 우리가 그저 대상으로 만들어 버린 타자의 눈을 응시하며, 그렇게 함으로써 성령의 활동이 가장 왕성할 가능성이 높은 미지의 결과에 우리 자신을 열어 보이지 않는다면, 미국은 약자들에게 가망 없는 곳임을 분명히 밝힌다. 이것이 우리가 하나님의 이야기 안에 있고, 이 하나님이 자유롭고 예측할 수 없는 분이며 알려지지 않은 분임을 우리에게 끊임없이 되새겨 주는 브루그만의 선물이다. 이 하나님은 뒤에서 그리고 아래에서 나타나 우리를 자주 놀라게 하신다. 이 하나님은 우리가 짜놓은 사회 구조 범주, 외부인이 함

---

6   채무자에게 채무를 면제해 준 희년이 그런 예.

부로 들어갈 수 없는 폐쇄된 공동체, 장벽, 철길, 1퍼센트의 특권층, 우리가 다른 이들을 배척하고 동시에 하나님을 배척하려고 만들어 놓은 다른 것들에 제약받지 않으신다. 이런 하나님이 지금 만물을 새롭게 하고 계신다! 나중이 아니라, 지금 새롭게 하신다. 브루그만은 우리가 이 일에 참여하여 차별을 폐지하는 성령과 함께할지, 아니면 계속 성령에 맞설지 선택할 여지를 우리에게 남겨 놓는다.

> 보좌에 앉으신 이가 말씀하시되 "보라, 내가 만물을 새롭게 하노라." 또 그가 말씀하시되 "이 말은 미덥고 참되니 이를 기록하라." (계 21:5)

콘래드 커네기, 편집자

1
장

탈
취

교회가 각 지역에서 구조적 경제 불의 문제를 해결해야 한다는 것은 명백하다. 교회가 책임을 지는 데는 두 가지 이유가 있다고 본다. 첫째, 경제에 관하여 나올 수 있는 비판의 목소리는 거의 다 몰수 자본주의(confiscatory capitalism)의 가정들을 상당 부분 받아들였다. 대학 문화를 봐도, 미디어를 봐도 그렇다. 교회는 반대 의견을 표명하지 않고 그런 과제를 받아들인다. 그러나 두 번째, 더 중요한 이유는 경제 정의가 복음 윤리(a gospel ethic)의 핵심에 있기 때문이다. 해방을 가져다주신 하나님께 이끌린 모세가 파라오의 약탈적 노예 경제에서 히브리인들을 해방시킨 뒤로 경제 정의가 복음 윤리의 핵심이었다. 모세는 그 해방의 사역을 수행했을 때, "빚을 면제해 주는 해"(신 15:1-18)와 희년(레 25장)을 정한 토라 규정을 통해 빚 면제에 중점을 둔 하나의 대안 경제(an alternative economy)를 승인했다. 데즈먼드가 쓴 『미국이 만든 가난』은 이런 방향에 서 있는 내 생각에 큰 힘을 실어 주었다. 『쫓겨난 사람들』로 퓰리처상을 받은 데즈먼드는, 갚을 수 없는 빚의 희생자가 되어 값싼 노동력으로 전락해 버린 빈곤 계층과 그런 계층을 일부러 만들어 내고 유지하는 약탈 경제의 원인 및 결과를 탐구한다. 데즈먼드의 이 책을 읽은 것이 내가 그 주제와 관련하여 몇 가지를 숙고하게 된 계기가 되었다.

내가 가장 먼저 데즈먼드를 참조한 부분은 우리가 공격적 탈취를 일삼는 강탈 경제 속에서 살고 있다는 그의 인식과 관련된다.

이민이나 가족과 관련된 설명처럼, 가난에 관한 상이한 설명들의 장점을 평가해 보는 것은 유익한 일이다. 그러나 나는 그렇게 하면 그것이 언제나 나를 다른 모든 잔뿌리가 나온 중심 형체인 원뿌리로 다시 데려간다는 것을 발견했다. 우리가 다루는 문제의 경우에는 그 원뿌리가 곧 가난은 상처이자 탈취라는 단순한 진리다. 수천만 미국인이 결국 가난해진 것은 역사의 실수나 개인의 행동 때문이 아니다. 가난이 존속하는 것은 일부 사람들이 가난이 존속하길 바라고 가난을 존속시키려 하기 때문이다. (40쪽)

데즈먼드의 책은 우리의 경제 체계가 일부 사람들이 다른 사람들을 희생시키고, 그 희생을 토대로 계속 이득을 취하는 방향으로 움직이고 있음을 보여주는 자료로 가득하다. '탈취'에 강조점을 둔 이유는 가진 자와 가지지 못한 자의 차이가 우연한 일도 아니며, 가지지 못한 자의 실패 때문에 발생한 결과도 아님을 강조하기 위해서다. 오히려 그것은 이미 넘쳐날 정도로 풍요로운 이들을 위해 이득을 제공하려는 체계의 의도된 결과다.

데즈먼드가 '탈취'를 엄중히 강조한 것 때문에 나도 이스라엘 역사와 고대 이스라엘이 속해 있던 더 큰 세계에서 펼쳐지는 엄청난 '탈취' 드라마를 곱씹어 보게 되었다. 나는 텍스트에 존재하는 사례들을 충분히 인용하여 탈취 경제가 고대 세계에 널리 퍼져 있었음을 밝히고, 이스라엘이 처음부터 탈취가 아니라 공동선을 통해 번영하는 경제를 실현하도록 요구받았다는 점을 살펴보겠다.

물론 이스라엘은 탈취 경제를 고안해 내지 않았다. 케네스 핸슨(Kenneth C. Hanson)은 카렌 라트너(Karen Radner)가 제시한 것을 내게 글로 알려 주었다. 라트너에 따르면, 신(新)아시리아의 문헌은 빚에 따른 이율이 한 달에 12-40%에 이르렀음을 시사한다. 이스라엘은 그 직전에 그런 체계적 강압을 통해 탈취를 자행하는 고도의 강제 모델에 시달렸으며, 그 가운데 유명한 것이 파라오의 모델이다. 이스라엘 백성은 파라오의 '탈취'에서 탈출했다. 우리는 파라오의 탐욕스러운 정책을 주마간산식으로 요약한 것을 창세기 47장 13-26절을 통해 본다. 이 내러티브는 파라오가 식량을 독점했음을 인정하는 말로 시작한다. 엄청난 곡물 창고들이 그 증거다. 기근 때 농부들의 목숨줄은 파라오가 쥐고 있었다. 이 내러티브는 기근 첫해에 파라오를 대리하여 요셉이 농부들의 돈을 모조리 "거둬들였다"고 보고한다. 즉 파라오는 곤궁한 농부들에게 그가 독점한 곡식을 돈을 받고 팔았다. 이듬해가 되자 농부들은 곡식을 살 돈이 더 이상 없었다. 이에 파라오는 농부들에게 곡식을 주고 그들의 가축을 대가로 받았다(17절). 파라오는 농부들의 말, 양, 소, 나귀, 곧 그들이 가진 생산 수단을 탈취했다. 파라오는 농부들의 생업을 무너뜨리고 그들을 자신의 독점 체제에 더욱 의존하게 만들었다. 그러고도 곤궁한 처지에서 벗어나지 못한 농부들은 세 번째 단계에서는 빈털터리 신세로 파라오에게 와서 필요한 것을 구하게 되었다. 그런 부류의 포식자가 다 그러하듯이, 파라오가 농부들에게 관대하게 베푸는 일은 일어나지 않았다. 파라오는 농부들에게 타협 없는 대가를 줄기차게 요구했다. 농부들은 그런 사정을 잘 알고 이렇게 말했다.

우리와 우리의 땅을 사시고 그 대가로 먹을 것을 주소서.
우리가 우리 땅과 함께 파라오에게 노예가 되겠나이다. 그저
우리에게 종자를 주시면, 우리가 살고 죽지 않을 것이요 땅도
황폐해지지 않겠나이다. (창 47:19)

그들의 요청은 자포자기에서 나온 것이다. 결국 농부들의 땅은 파라오에게 넘어갔다. 그리고 그들의 몸은 노예 상태로 전락했다. 그들에게는 다른 협상 수단이 없었다. 그들은 그저 살아 있다는 데 안도한다.

당신이 우리 목숨을 구하셨나이다. 내 주께서 허락하신다면,
우리가 파라오의 노예가 되겠나이다. (창 47:25)

여기서는 이런 거래들이 하나같이 엄격한 거래 규칙을 따라 이루어지고, 강압이나 속임수가 없다는 것에 주목해야 한다. 그것은 그저 가진 자와 가지지 못한 자의 경제적 거래에서 나타나는 비정한 현실이다. 거기에는 긍휼도 관용도 들어설 여지가 없다.

∘ 요셉이 모든 돈을 거둬 모았다. (창 47:14)
∘ 요셉은 그들의 말, 양, 소, 나귀를 대가로 받고 그들에게 먹을

것을 주었다. 그는 먹을 것을 주고 그 대가로 가축을 받았다.
(창 47:17)

- 요셉은 파라오를 위해 이집트의 온 땅을 샀다. (창 47:20)
- 요셉은 농부들을 노예로 만들었다. (창 47:21)

여기서 사용된 동사들이 의미심장하다. '거둬 모으다', '대가로 받고 주다', '사다'. 모든 행동이 시장에서 이루어지는 거래를 가리킨다. 즉 이 행동에는 착취, 다시 말해 가진 자와 가지지 못한 자의 거래에 내재된 착취를 암시하는 단서가 전혀 없다. 이 내러티브는 파라오를 더 많은 것을 가지려고 끝없이 욕심을 부리는 무자비한 장사치라고 이야기한다. 그는 그저 그 시대의 여느 통치자보다 좋지도 않고 나쁘지도 않았을 가능성이 크며, 그 시대 통치자들은 모두 이스라엘 백성의 '언약 혁명'이 자리하고 있던 경제적 지평을 형성했다. 이웃 사랑이 담긴 거래를 의도했던 '언약 혁명'은 이처럼 대가 관계 중심의 세계를 아주 거스르는 것이었다. 모세는 바로 그런 이유로 그가 이스라엘에 제시한 계명의 정점에서 파라오의 재산 쌓기를 부추긴 원동력인 '탐냄'을 금지한다(출 20:17).

그렇다면 이스라엘이 주위 사방의 탐욕스러운 세계를 예리하게 인식하고, 그 세계가 안전과 안락을 얻고자 부를 축적하는 데 혈안이 되어 있음을 주의 깊게 지켜봐야 한다는 것은 그리 놀랄 일이 아니다. 머지않아 이스라엘은 이런 '규범적' 통화 체계와 그 대안인 비전 사이에서 어느 길로 갈지 판단을 내리며 위기를 맞게 된다. 이스라엘이 "다른 국가들처럼" 되고자 그 나름의 안전 체계를 갖춘 군주제를 세우는 쪽으로 방향을 잡으면서, 그 판단은 분명한 초점이 된다.

군주제 옹호자들은 이런 체제의 이점을 보았으며, 그런 체제가 그들이 헌신해야 하는 언약에 심히 어긋나리라는 데는 눈길 한 번 주지 않았다. 그 문제를 분명히 일러 주어야 할 책임이 선견자이자 재판관인 사무엘에게 주어져 있었다. 사무엘은 실현 가능한 올바른 정부를 모색하던 시기 초반에, 언약적 관점에서 군주제를 다른 신들을 섬기는 행위로 보았다(삼상 8:8). 군주제는 단순히 이스라엘이 자신의 주장을 내세우는 정치적 행위가 아니라, 이스라엘만이 갖고 있는 성격 자체를 위배하는 사악한 신학적 행위다. 사무엘은 왕을 받들어 모시는 군주제 모델이 정의를 달리 말하는 입장[7]을 지지하고 그런 입장을 요구한다는 것을 충분히 알았다.

---

7   하나님의 언약이 지지하는 정의가 아니라 다른 의미의 정의를 말하는 입장.

이것이 너희를 다스릴 왕의 정의이리라. (삼상 8:11, 강조는 저자의 것)

대가 관계에 기초한 새로운 정의가 이웃 사랑에 기초하여 이웃을 너그러이 대하는 회복적 정의를 대신할 것이다.

왕이 너희 아들들과 딸들을 취하리라(take). (삼상 8:11)

왕이 그들로 그의 병거를 끌게 하고 그의 군마를 끌게 하리라. (삼상 8:11)

왕이 그들로 그가 부리는 지휘관과 농부와 무기를 만드는 이가 되게 하리라. (삼상 8:12)

왕이 너희 딸들을 취하리라(take). (삼상 8:12)

왕이 너희 밭과 포도밭과 과수원 가운데 가장 좋은 것을 취하리라(take). (삼상 8:14)

왕이 너희 산물 가운데 10분의 1을 취하리라(take). (삼상 8:15)

왕이 너희의 남자 노예와 여자 노예를 취하리라(take). (삼상 8:16)

왕이 너희 소와 나귀 가운데 가장 좋은 것을 취하리라(take). (삼상 8:64)

왕이 너희 양떼의 10분의 1을 취하고(take) 너희는 그의 노예가 되리라! (삼상 8:17)

사무엘의 이 말은 언약에 기초하여 세워진 이스라엘이 다른 나라들을 모방할수록 언약에 기초한 이스라엘의 정체성을 훼손하고, 약자에 대한 경제적 약탈에 더 깊이 가담하는 결과를 가져올 것이라고 예상한다.

다윗 왕에 관한 자료는 다소 뒤섞여 있다. 성서는 다윗 왕을 진실로 백성과 한몸, 한마음이었던 사람, 특히 그의 병사들에게 그러했던 사람으로 기억한다(삼하 23:13-17). 하지만 다윗은 한 극적인 사건을 통해 사무엘이 예상한 '탈취' 행위를 저지른다. 사무엘하 11장은 다윗에 관하여 이렇게 보고한다.

> 이에 다윗이 사자들을 보내 그 여자[밧세바]를 취하니(take), 그 여자가 그에게 왔다. (삼하 11:4)

'취하다'라는 동사가 사무엘의 증언에서 울려 퍼지는 동사와 같다는 점에 주목할 필요가 있다. 마찬가지로 NRSV가 '그 여자를 갖다'(to get her)라는 순화된 말로 이 '취하다'를 얼버무리는 점도 주목해야 한다. '취하다'라는 동사는 훨씬 더 직설적이고 공격적이며, 욕망에 따라 행동할 힘이 왕에게 있다는 것을 나타낸다. 따라서 이 말은 왕이 자기 욕망을 채우고자 여자를 차지하려 했다는 것을 그대로 일러 준다. 다윗은 나단이 매서운 반응을 보이고도 남을 만한 '탈취자'다(삼하 12:1-15).

다윗에 관한 자료는 모호하지만, 그의 아들 솔로몬의 경우에는 그런 모호함이 없다. 솔로몬은 고대 이스라엘에서 으뜸가는 '탈취자'다. 솔로몬이 누렸던 도회지 환경의 엄청난 풍요는 그가 원하는 자원을 모조리 차지할 힘이 그에게 있었음을 여실히 일러 준다. 우리는 그의 공세적 교역 정책뿐 아니라 그의 막대한 부가 주로 두 원천에서 나왔음을 짚어 볼 수 있다. 첫째, 그는 조세 징수 체계를 만들었으며, 이 체계를 통해 농업 경제가 만들어 낸 농산물을 차지했다(왕상 4:7-19). 열왕기상 12장 1-19절이 보고하는 납세 거부 봉기는 그의 조세 체계가 얼마나 가혹했는지 보여주는 것 같다. 이 봉기는 그가 죽고 난 뒤에야 일어났지만, 농부들의 분노와 동요라는 씨앗이 그가 통치하는 동안 싹트고 있었음은 의심할 여지가 없다. 둘째, 솔로몬은 **값싼** 노동력에 의존했다. 그의 경우에는 값싼 노동력이 국가 노예였다. 성서 본문은 모호하긴 하지만, 그의 노예 노동력은 외국인만으로 또는 외국인과 이스라엘 백성으로 구성되어 있었음을 시사한다(왕상 5:13, 9:15-22). 어느 쪽이든 그 체계는 엄청난 착취였다. 그렇다면 이것이야말로 '탈취'가 무엇인지 보여주는 셈이다. 약자들이 가진 자원을 강제로 빼앗아 사용한 것이며, 아무 힘이 없어 그런 착취에 저항할 수도 없는 약자들의 값싼 노동력에 의존한 것이다. 이 둘의 조합은 경제적 부를 가져다줄 수밖에 없는 확실한 보증 수표다!

마지막으로 북이스라엘의 오므리 왕조가(더 자세히 말하면 오므리의 아들 아합 왕이) 솔로몬이 저지른 늑탈 행위를 연상시키고, 그런 행위에 상응하는 일을 저질렀음을 짚어 볼 수 있다. 열왕기상 21장이 제시하는 패러다임 내러티브를 보면, 아합 왕과 이세벨 왕비 부부가 농부 나봇이 물려받은 '유업'을 강탈한다. 그들이 강탈한 땅은 나봇의 '유업'이기에, 그 왕가가 매달리던 무도한 상품화(매매)의 대상이 될 수 없다. 하지만 아합과 이세벨 부부는 옛 관습을 따른 농부의 저항에도 단념하지 않는다. 그들의 땅 욕심은 만족을 모른다. 결국 왕은 나봇의 유업을 차지하려고 폭력까지 동원한다. 이 내러티브는 왕의 강제력 행사를 가리키는 말 '차지하다'를 거듭 사용함으로써 이야기의 분위기에 변화를 준다.

이세벨은 나봇이 돌에 맞아 죽었다는 말을 듣자마자 아합에게 이렇게 말했다. "가서 이스르엘 사람 나봇의 포도밭을 차지하세요. 그가 당신이 돈을 준다 해도 팔지 않겠다고 했던 그 포도밭 말이에요. 이제 나봇이 살아 있지 않고 죽었잖아요." 아합은 나봇이 죽었다는 말을 듣자마자, 이스르엘 사람 나봇의

포도밭으로 내려가 그것을 차지했다. (왕상 21:15-16)

그 땅이 '유업'에서 '재산'으로 바뀌었음이 재차 명확해지는 순간, 그 땅은 성공적으로 이전되었다. 왕가는 백성 것을 늑탈해서라도 탐욕스러운 목표를 달성하려 했다. 다만 이 내러티브의 이어지는 부분은 엘리야 예언자가 나봇을 대신하여 왕을 비판하는 내용이다.

네가 죽이고 빼앗아 차지했느냐? 그러므로 주가 이렇게 말씀하시니라. 개들이 나봇의 피를 핥은 곳에서 네 피도 핥으리라. (19절)

예언자가 사용한 두 동사는 서로 잘 들어맞는다. '죽이다'와 '차지하다'. 차지해야 한다면 죽여라!

'탈취'에 관한 본문 전승이 교회와 회당에 전해 내려왔고, 지금은 교회에 맡겨져 있다. 교회는 경제 문제를 회피하면서 결국 이런 본문 전승을 체계적으로 무시해 왔으며, 이는 다시 교회가 그런 문제에 침묵하는 것을 정당화했다. 대부분의 경우를 보면, 우리는 교회에서 힘 있는 자들이 약한 자들을 어떻게 탈취하고 있는가 하는 문제에 관해 아무 말도 하지 않았다. 우리 사회의 경제 정책에 커다란 영향력을 행사하는 힘 있는 자들은 '탈취' 관행을 부추긴다. 그 결과 소득과 부자들의 이해관계가 조세 정책, 이율, 임금률 그리고 정부가 행하는 공적 부조의 많은 부분을 좌지우지한다. 이 문제가 교회에 더욱 심각한 것은 교회 안에 있는 우리 가운데 많은 이들이 부유하지 않으면서도 바로 그 착취 정책의 혜택을 받고 있기 때문이다. 따라서 교회는 이런 문제들에 관해 말할 때 자신이 하나의 몸으로서 심각한 갈등 가운데 있음을 확실히 알아야 한다.

그럼에도 의심할 여지 없는 사회 현실을 고려할 때, 성서 전승은 돈 문제를 복음을 따르는 믿음의 중심에 놓는다고 말할 수 있다. 많은 목사들과 회중은 이 문제를 솔직하게 받아들일 준비가 되어 있지 않다. 하지만 우리는 적어도 교회가 이런 본문을 활용할 수 있게 함으로써, 교회 지체들이 '탈취'라는 위기를 우리 사회만의 위기가 아니라, 우리의 본문 전승 속에 자리한 핵심 위기로 인식하도록 할 수 있을 것이다. 모세의 십계명이 공연히 "너는 탐내지 말라"(출 20:17)는 간결한 금지 명령으로 끝맺는 것이 아니다. 이 금지 명령은 특히 아내, 노예, 소, 나귀를 언급한다. 이 금지 명령은 사람들이 오해하지 않게 하려고 모든 것을 망라하는 말인 "어느 것이나"로 끝맺는다. 이 계명이 아우르는 범주는 선망에서 비롯된 소소한 행동이 아니다. 그것은 힘 있는 자들과 약자들의 경제적 거래를 규율하는(또는 규율하지 못하는) 정책 문제에 관한 것이다.

‘탈취자들’이 움직이는 경제에서 교회가 ‘탈취’가 아닌 ‘줌’(giving)이 공동의 안녕에 이르는 실마리라는 신념을 고수한다고 상상해 보라. 교회는 줌에 관한 정책(policies of giving)에 이해관계를 지니고 있다. 그런 정책을 통해 공동체의 자원이 삶의 모든 영역의 필요에 따라 활용될 수 있기 때문이다. 따라서 교회는 건강, 주거, 교육 그리고 사람들의 안녕을 증진하는 다른 모든 것의 필요에 부응하는 정책에 이해관계를 지니고 있다. 교회는 실제로 부를 어떻게 관리(경영)할지 다룬 사도행전 5장 1-11절의 내러티브 이후로 그런 문제와 관련된 기억을 간직해 왔다. 아나니아와 삽비라의 비극적인 일화는 ‘탈취’가 공동체 전체에, 곧 공동체의 정책에 어떻게 해를 입히는지 계속해서 이야기해 준다. 우리에게 들려온 새 소식은 아나니아와 삽비라처럼 행동할 필요가 없다는 것이다. 우리는 진정으로 우리의 경제를 다르게 영위할 수 있다! 우리는 사도행전에 있는 그 이야기의 화자가 일러 주는 말에 귀를 기울여야 할지도 모른다.

큰 두려움이 온 교회와 이 일을 들은 모든 사람을 사로잡았다. (행 5:11)

2 장

집어삼킴

내가 데즈먼드의 글에서 참조한 또 한 가지는 그가 『미국이 만든 가난』에서 설득력 있게 사용한 '집어삼킴'이라는 이미지와 관련된다. 힘을 쥔 자들은 공세적이고 만족할 줄 모르는 욕망을 앞세워 약자들을 집어삼키고 있다. 데즈먼드는 스티븐 손드하임(Stephen Joshua Sondheim)[8]의 어두운 뮤지컬 〈스위니 토드(Sweeney Todd)〉의 한 대목을 인용한다.

내 사랑, 세계 역사는 누가 먹히고 누가 먹느냐야. (42쪽)[9]

'집어삼킴'이라는 이미지는 치열하게 경쟁하는 사업 세계를 특징짓는 강력하고 맹렬한 이미지로 다가온다. 그런

---

8 20세기 미국 뮤지컬을 새롭게 만들어 미국 음악계와 뮤지컬에 큰 영향을 미친 작곡가이자 작사가.

9 스위니 토드가 넬리 러빗에게 한 말.

사업 세계에서는 약자가 힘 있는 자의 만족할 줄 모르는 욕망과 제지할 수 없는 공격에 철저히 농락당한다. 데즈먼드는 이런 이미지가 무자비하고 저항할 수 없으며, 영원히 목마르고 '더 많은 것'을 추구하는 어떤 욕구를 나타낸다고 본다. 이 이미지가 등장하는 데즈먼드의 책 3장에는 "우리는 어떻게 노동자를 싸게 부려 먹는가"(How We Undercut Workers)라는 제목이 달려 있다. 이 3장은 아무 방어 수단이 없는 노동자들이 아주 낮은 임금과 점차 사라져 가는 복지 혜택을 받으며 일터에 배치되는 현실을 상세히 서술한다. 더욱이 데즈먼드는 '집어삼킴'에 희생당하는 이들의 건강과 삶의 질이 처참하게 짓밟히는 가운데 벌어지는 착취가 가져올 예측 가능한 결과를 추적한다.

나는 데즈먼드가 제시하는 이미지와 주제를 살펴보면서 그의 분석에 상응하는 것을 성서에서 고찰하게 되었다. 다음과 같은 본문들이 생각난다.

1. 잠언은 지혜에 관한 가장 대표적인 경구를 제시한다.

그들의 앞니는 긴 칼이요
그들의 어금니는 짧은 칼이어서,
가난한 이를 땅에서 집어삼키고

곤궁한 이를 삼켜 씨를 말리느니라. (잠 30:14)

이 말은 "자기 눈에는 순수한" 자(11절), "자기 스스로를 높이는" 자(13절), 그리고 심지어 그들의 부모를 대할 때도 탐욕스럽게 행동하는 자와 관련된다. 잠언은 이런 사람들을 끝없이 자신을 섬기는 이들이자, 자신의 번영을 위해서라면 어떤 것도 마다하지 않을 이들이라고 판단한다. 만족을 모르는 이런 열망을 고려할 때, 그들이 날카로운 무기 같은 이빨로 모든 사람과 모든 것을 물어뜯고 삼킬 수 있다는 것은 놀라운 일이 아니다. 이 탐욕스러운 자기주장이 "가난하고 곤궁한" 이들을 희생양으로 삼아, 더 많은 부와 권력을 챙기고자 그들을 허겁지겁 집어삼키리라는 것은 누구라도 예측할 수 있다.

이 지혜의 말은 이런 야만에 대응할 만한 좋은 것이 무엇인지 찾아내지는 않는다. 하지만 우리는 그 좋은 것 가운데 마을에 뿌리내린 관습, 곧 부모에 대한 합당한 대우와 공경, 그리고 공동체의 가난하고 곤궁한 이들과 연대하며 책임을 다하려는 인식이 포함되어 있다고 상상해 볼 수 있다. 우리는 욥의 자기 평가를 담고 있는 욥기 31장에서 그런 연대를 묘사하는 말을 본다. 욥은 가난한 이에 관하여 이렇게 주장한다.

내가 가난한 이가 바라는 어떤 것을 억눌렀거나

과부의 눈을 실망하게 했다거나,

나 혼자만 맛있는 음식을 먹고

고아는 그 음식을 전혀 먹지 못했다면,

이는 내가 젊을 때부터 아버지처럼 고아를 길렀기 때문이요

내가 내 어머니 자궁에서부터 과부를 인도했기 때문이다.

내가 만일 어떤 이가 옷이 없어 죽는 것을 보거나

가난한 이가 덮을 것이 없어 죽는 것을 보았다면,

그들의 허리는 나를 축복하지 않았을 것이요

그들은 내 양의 양털로 그들을 따뜻하게 하지 않았으리라.

내가 나를 도와주는 이들이 성문에 있음을 보고

만일 내가 내 손을 들어 고아를 해쳤다면,

내 어깨뼈가 내 어깨에서 떨어져 나가고

내 팔이 그 붙어 있는 자리에서 떨어져 나갈지어다.

내가 그리함은 내가 하나님에게서 오는 재앙을 두려워했기

때문이요

내가 그의 엄위를 마주할 수 없었기 때문이다. (욥 31:16-23)

잠언과 데즈먼드가 비판하는 이들은, 욥과 달리 사회적 책임이나 연대에 관하여 양심의 가책 같은 것을 느끼지 않는다. 욥은 사회적 연대를 실천하는 사람이지만, 이 어리석은

사람은 그렇지 않다. 그런 자는 모든 사람이 각자 알아서 최선을 다해 살아가야 한다고 생각한다. 이 어리석은 사람은 데즈먼드의 글에 나오는 '집어삼키는' 자의 모델이다. 이와 달리 욥은 자신이 속한 공동체와 마을에 속한 것으로 보이는 가난하고 곤궁한 이들을 보호하고, 그들에게 자신이 가진 자원을 제공하는 반대 행동[10]을 온몸으로 실천한다.

2. 에스겔서에 나오는 정죄 예언은 약자들을 집어삼키는 행태에 관하여 예언자가 표출한 분노의 척도로 볼 수 있다. 이 예언은 예루살렘의 권력 구조를 관통하며 한 걸음 한 걸음 앞으로 나아간다.

∘ 그 왕들은

먹이를 찢고 우는 사자와 같다. 그들은 사람의 생명을 집어삼키고, 보화와 귀중한 것들을 탈취하며, 많은 과부를 만들었다. (겔 22:25)

∘ 그 제사장들은

내 가르침에 폭력을 휘두르고 내 거룩한 것들을 더럽혔으며,

---

10 잠언의 어리석은 사람이 하는 행동과 반대되는 행동.

거룩한 것과 범속한 것을 구별하지 않았고, 부정한 것과 정결한 것의 차이를 가르치지 않았으며, 내 안식일을 무시하여 결국 내가 그들 가운데서 더럽혀졌다. (겔 22:26)

∘ 그 관리들은

그 안에서 먹이를 찢는 늑대와 같아, 정직하지 못한 이익을 얻으려고 피를 흘리며 생명을 파멸시킨다. (겔 22:27)

∘ 그 예언자들은

그들을 위해 회칠을 하고 거짓 환상을 보며, 그들을 위해 거짓 복술을 행했다. (겔 22:28)

∘ 그 땅 백성은

착취를 행하고 강도 짓을 저질렀다. 그들은 가난하고 곤궁한 이를 억압했으며, 아무런 보상도 없이 나그네의 것을 빼앗았다. (겔 22:28)

각 경우에 정확한 고발 내용은 직무의 기능에 따라 달라진다.

왕들은…세금을 매김으로써

제사장들은…안식일을 무시함으로써

관리들은…잔혹한 이익을 얻으려는 늑대처럼

예언자들은…거짓말과 왜곡으로

공동체는…공격과 착취를 통해

대니얼 블록(Daniel Block)은 『에스겔서 1-24장(*The Book of Ezekiel Chapters 1-24*)』에서 에스겔이 스바냐가 앞서 한 예언을 활용하는 방식에 우리의 시선을 집중시킨다.

관리들은 우는 사자와 같고,

재판관들은 아침까지 아무것도 남겨 두지 않는 저녁의 늑대와 같다.

예언자들은 경솔하고 신실하지 않은 자들이요

제사장들은 거룩한 것을 더럽히고,

율법에 폭력을 휘둘렀다. (습 3:3-4)

기능에 변화가 있긴 하지만, 이 모든 것은 한 조각으로서 일관성이 있다. 도시의 권력 구조를 형성하고 있는 모든 지체는 에스겔 22장 29절이 "가난하고 곤궁한 이"라고 밝히는 약자를 학대하고 배신하는 데 동참한다. 이는 위에서 인용한 잠언에 나온 내용과 동일하다.

3. 에스겔서 뒷부분에서는 예언자가 분명 이와 다른 삶의 방식이 있다는 소망을 강조하는데, 이것이 바로 데즈먼드의 책이 말하는 소망이다(겔 36:13-15). 13절은 이스라엘을 다시금 매섭게 꾸짖는다.

> 너는 사람들을 집어삼키고, 네 나라 자녀들을 앗아 간다. (겔 36:13)

그러나 뒤따르는 구절들은 그런 잔인한 집어삼킴이 그칠 때 일어날 다른 일을 상상한다. 14-15절이 제시하는 다른 모습은 이스라엘이 새 목자(34절), 새 언약(36절), 새 성전(40-48절)을 포함하여 철저히 새롭게 시작하리라는 에스겔의 더 큰 기대를 반영한다.

이를 알게 해주는 실마리가 "더 이상…하지 않는다"를 다섯 번에 걸쳐 되풀이한 것이다.

> 더 이상 사람들을 집어삼키지 않고,
>
> 더 이상 네 나라 자녀들을 앗아 가지 않으며,
>
> 더 이상 다른 나라들로부터 모욕을 듣지 않고,
>
> 더 이상 다른 백성들에게서 수치를 당하지 않으며,
>
> 더 이상 네가 네 나라를 넘어뜨리지 않으리라. (겔 36:14-15)

예언자가 말한 "더 이상…하지 않는다"는 '집어삼킴'이 이어지던 옛 체제가 더 이상 지속될 필요도 없고 지속되지도 않으리라는 전망이자 확언이다.

에스겔이 이스라엘 '목자들'(통치자들)에게 내리는 명령도 역시 옛 폐습과 새로운 가능성을 자세히 비교한다. 옛 목자들은 철두철미하게 자기 자신을 섬긴다.

> 너희는 살진 양을 먹고 그 양털을 입으며, 살진 양을
> 죽이면서도 양들은 먹이지 않는다. 너희는 약한 이를 강하게
> 하지 않았고, 병든 이를 고치지 않았으며, 다친 이를 싸매 주지
> 않았고, 길 잃고 헤매는 이를 되돌려 놓지 않았으며, 잃어버린
> 이를 찾지 않고, 도리어 그들을 힘으로 가혹하게 다스렸다. (겔
> 34:3-4)

그러나 이제 예언자는 새로운 시작을 내다볼 수 있다. 사회 관습이 이전과 완전히 달라지며, 힘을 가진 자는 그 힘을 주 하나님의 의도를 따라 행사한다.

> 나는 그들에게 좋은 풀을 먹이겠으며, 이스라엘의 높은 산이
> 그들이 있을 풀밭이 되리라. 거기서 그들이 좋은 풀밭에
> 눕겠으며, 그들이 이스라엘 산에서 영양 많은 풀을 먹으리라.

내가 직접 내 양의 목자가 되어 그들이 누워 있게 하리라. 주
하나님의 말씀이니라. 내가 잃어버린 이를 찾을 것이요 길
잃고 헤매는 이를 되돌려 놓겠으며, 다친 이를 싸매 주고,
약한 이를 강하게 하겠다. 하지만 살진 자와 강한 자는 내가
파괴하리라. 내가 그들을 정의로 먹이리라. (겔 34:14-16)

그들을 집어삼키는 대신 먹인다! 23-24절은 착취를 일삼
는 옛 체제와 아주 다를 새 다윗을 향한 기대를 천명함으로
써, 목자이신 하나님이 직접 통치하시는 미래를 정치 현실
로 가져온다.

내가 한 목자, 곧 내 종 다윗을 그들 위에 세우리니, 그가
그들을 먹이리라. 그가 그들을 먹이고 그들의 목자가 되리라.
그리고 나 주는 그들의 하나님이 되고 내 종 다윗은 그들
가운데 왕이 되리라. 나 주가 말하노라. (겔 34:23-24)

에스겔은 현재의 착취와 새로운 미래의 안녕을 분명하
고 단호하게 구분한다. 이는 데즈먼드와 다르지 않다. 에스
겔이 말하는 새로운 미래의 안녕은 모든 것을 상품화하는
관계 대신 회복하는 관계를 보여준다.

4. 또 다른 예언서 본문이 우리의 주목을 끈다. "내 백성의 살을 먹음"을 언급하기 때문이다.

들으라, 너희 야곱의 우두머리들과 이스라엘 집의 통치자들아!

너희는 마땅히 정의를 알아야 하지 않느냐?

너희는 선을 미워하고 악을 사랑하며,

내 백성의 피부를 벗기고

그들의 뼈에서 살을 뜯어내며,

내 백성의 살을 먹고,

그들의 피부를 벗기며,

그들의 뼈를 부숴 조각내고,

그들을 솥 안의 고기처럼,

큰 냄비 안의 살처럼 잘게 다진다. (미 3:1-3)

여기에는 사람의 몸을 고기를 요리하듯 다루는 이미지가 더 정교하게 묘사되어 있다. 본문이 묘사하는 잔인함은 '정의'와 대비되며, "선을 미워하고 악을 사랑함"은 아모스의 말과 정반대다.

악을 미워하고 선을 사랑하며,

성문에서 정의를 세우라. (암 5:15)

미가서의 다른 예언들은 고발의 대상이 무엇인지 구체적으로 밝힘으로써 '집어삼킴'이라는 이미지의 내용을 채워준다.

그들은 밭을 탐하여 강탈하고
집을 탐하여 차지하며,
집을 가진 이와 집을,
사람과 그 유업을 억압하도다. (미 2:2)

들어보라, 너희 야곱 집의 통치자들과
이스라엘 집의 우두머리들아,
너희는 정의를 미워하고 평등을 왜곡하며,
시온을 피로 세우고 예루살렘을 죄로 세우는구나!
통치자들은 뇌물을 받고 재판하며,
제사장들은 대가를 받고 가르치고,
예언자들은 돈을 받고 예언하도다.
그러면서도 그들은 주를 의지하여 말하기를,
"틀림없이 주가 우리와 함께 계시도다!
어떤 해도 우리에게 임하지 않으리라." (미 3:9-11)

신실한 이가 그 땅에서 사라졌고,

올곧은 이가 하나도 남아 있지 않다.

그들은 다 매복하여 피를 기다리며,

그들끼리 서로 그물로 사냥한다.

그들의 손은 악을 행하는 데 능숙하고,

관리와 재판관은 뇌물을 요구하며,

힘 있는 자는 자기 욕심대로 행함으로써

정의를 왜곡하도다. (미 7:2-3)

이 예언들은 모두 가난한 이, 곤궁한 이 등 약자를 집어 삼키는 경제적 착취를 표현한다.

5. 마지막으로 지혜서와 예언서 본문에서 발견한 이미지를 되울려 주는 예수지혜들의 가르침 하나를 인용해 볼 수 있다. 예수는 주목받기를 좋아하고 회당과 만찬 자리에서 으스대며 뽐내는 서기관들을 비판하신다.

그가 가르쳐 말하기를, 서기관들을 조심하라. 그들은 긴 옷을 입고 돌아다니는 것과 시장에서 존경이 담긴 인사를 받는 것과 회당에서는 가장 좋은 자리에, 잔치에서는 영예로운 자리에 앉는 것을 좋아한다. 그들은 과부의 집을 집어삼키고 남에게 보이고자 길게 기도한다. 그들은 더 무거운 유죄 판결을

받으리라. (막 12:38-40; 눅 20:45-47을 보라)

이 보고는 40절에서만 약자를 학대하는 서기관들의 행태를 특정하여 자세히 묘사한다. 여기서 우리는 '집어삼키다'라는 단어와 그 목적어인 '과부의 집'을 다시 보게 된다. 서기관은 법 전문가다. 그들은 재산을 이전하는 데 필요한 양식을 채워 넣음으로써 재산을 빼앗을 수 있었다. 이 본문의 서기관은 존 스타인벡(John Steinbeck)의 소설 『분노의 포도(*The Grapes of Wrath*)』에 나오는 '클립보드를 가진 사람들'을 연상시킨다. 그들이 무언가를 적어 두면, 오클라호마 사람(an Okie)은 더 많은 재산을 잃었다. 서기관들도 그랬다. 그들이 무언가를 적으면, 약자는 더 약한 처지가 되고 가난해졌다. 가난한 이를 늑탈하는 서기관들의 행동은 예루살렘의 엘리트 가운데서도 많은 이들의 주목을 받았던 그들의 모습과 완전히 상반된다. 마가복음의 다음 본문은 적절한 이유로 한 '가난한 과부'를 주목한다(막 12:41-44). 이 과부는 성전 헌금함에 큰돈을 넣는 '많은 부유한 사람들'과 대비된다. 그 부자들은 가난한 이를 착취했기 때문에 그 많은 헌금을 낼 수 있었다. 그러면서도 그들은 아주 경건한 사람인 양 길게 기도했다. 평행 본문인 마태복음 23장 1-12절은 서기관들을 더 포괄적으로 비판한다. 여기서 '무거운 짐'은 아마도 가난한 이에게 특별한 의무를 지웠던 조세 체계를 가리키는 것으로 보인다. 마태가 제시한 본문에서는 우리가 말하는 핵심 용어 '집어삼키다'가 사라졌지만, 같은 결론[집어삼킴]을 끌어낼 수 있다.

이 모든 본문은 힘 있는 자가 약자에게 감당할 수 없는 경제적 짐을 지웠다는 것을 말한다. 그 짐은 가난한 이에게서 삶을 이어갈 기회마저 빼앗을 정도로 가혹하다. 데즈먼드가 '집어삼키다'라는 말을 사용하는 장에는 "우리는 어떻게 노동자를 싸게 부려 먹는가"라는 제목이 달려 있다. 이 장은 '최저 임금'에 관한 통찰력 있는 논의와 더불어 노동자에게서 협상 지렛대를 강탈하는 노조 파괴, 일자리를 아무런 안전장치도 없는 '임시직'으로 전락시키는 현실, 경제적으로 불안정한 상황에서 살아가야 하는 '불안정 계층'의 형성에 대해 다룬다.

성서는 출애굽 해방 이후 공정한 고용의 실천에 관심을 보인다. 토라의 가르침은 일꾼들에게 그들이 일한 당일에 품삯을 지급해야 한다고 규정하고 있다.

> 너는 가난하고 곤궁한 일꾼이 이스라엘 사람이든 아니면 네 땅에서 네 고을 가운데 하나에 거하는 외인이든, 품삯을 더디 지급하지 말라. 너는 해가 지기 전에 그 일꾼에게 그날 품삯을

지급하라. 이는 그가 가난하고 그의 생계가 그 품삯에 달려 있기 때문이다. 그리하지 않으면 그가 주께 와서 부르짖으며 너를 고소할 것이요, 너는 죄에 따른 책임을 지게 되리라. (신 24:14-15)

우리는 이 규정을 일꾼들이 공정한 대우를 받아야 한다는 더 일반적인 규정으로 받아들일 수 있다. 일꾼들이 불의 가운데서 부르짖는 그 주(야훼)는 그들의 권리를 굳건히 지키시는 분이기 때문이다. 이보다 한참 뒤에 기록된 한 성서 본문을 보면, 예레미야가 노동자를 착취하는 노동 정책을 편다는 이유로 여호야김을 비판한다.

불의로 집을 세우고
부정으로 다락방을 지으며
이웃을 거저 부려 먹고
품삯을 주지 않는 이에게 화가 있으리라. (렘 22:13)

왕은 백성을 '거저' 부려 먹고 품삯을 주지 않는다. 이 고발은 솔로몬의 국가 노동 정책을 재차 비판하는 것 같다. 솔로몬도 어쩌면 파라오에게서 그런 정책을 배웠을지 모른다!

데즈먼드는 자신의 책 3장 결론에서 가난한 이가 보통 받곤 한다는 조언을 되풀이하며 그것을 이렇게 조롱한다.

가난한 이가 가난을 벗어나려면 그 행동을 바꿔야 한다. 더 나은 일자리를 얻으라. 아기를 그만 낳으라. 재정에 관하여 더 현명한 결정을 내려라. (62쪽)

그러나 데즈먼드는 이 경솔하고 거만한 조언을 비판하면서, 오히려 반대되는 주장을 제시한다.

사실 그 반대다. 경제적 안전이 더 나은 선택으로 이어진다. (62쪽)

여러분은 고대 텍스트와 현재의 상황을 배경으로 '집어 삼킴'이라는 이미지를 곱씹어 보면서 이렇게 묻고 싶을지도 모른다. "우리는 왜 교회에서 이런 성서 본문에 대해 한 번도 들어 보지 못했을까? 왜 이런 본문이 성서정과에서, 그리고 교회가 지닌 믿음의 지평에서 사라진 걸까?" 이 질문에 대한 대답은 우리의 공동 생활에서 복음이 주장하는 바를 회복하기 위해 우리가 해야 할 일을 어느 정도 일러 줄 것이다.

3장

게으름

내가 데즈먼드의 글에서 세 번째로 참조한 것은, 사회가 '게으르다'고 이름표를 붙인 대상을 그가 면밀히 조사한 것과 관련된다. 데즈먼드는 『미국이 만든 가난』에서 복지에 관해 다루면서, 조지프 타운센드(Joseph Townsend, 1739-1816)의 혹독한 비판을 원용하는 자본주의의 끈질긴 가르침에 주목할 것을 요청한다.

어쩌면 그것은 우리가 자본주의 초창기부터 가난한 사람을 게으르고 의욕이 없는 자로 보는 훈련을 받아 왔기 때문일지도 모른다. 첫 자본주의자들은 산업계 거인들이 오늘날도 여전히 직면하고 있는 문제에 직면했다. 즉 "어떻게 하면 대중에게 법과 시장이 허용하는 최소한의 임금을 지급하고 공장과 도살장에 모아 일을 시킬 것인가"라는 문제다. 자본주의자들이 노동 문제에 대해 내놓은 해답은 굶주림이었다. "가난한 사람은 자신보다 높은 계층에 있는 이들을 자극하여 행동하게 만드는 동기(자부심, 명예, 야망 등)를 거의 알지 못한다. 대체로 가난한 사람이 노동하도록 박차를 가하고 자극할 수 있는 것은 오로지 굶주림뿐이다." 영국의 의사이자 성직자인 조지프 타운센드는 1786년에 내놓은 「인류의 행복을 기원하는 한 사람이 구빈법에 관하여 쓴 논문(*A Dissertation on the Poor Laws, By a Well-Wisher of Mankind*)」에서 이처럼 말하면서, 근대 초기 내내 상식이 되고 결국 관습법(common law)이 될 주장을 역설했다. 타운센드는 굶주림의 "끊임없는 압력이 근면으로 나아가는 가장 자연스러운 동기"를 제공한다고 주장했다. (83-84쪽)

자본주의는 저임금과 열악한 처우에 시달리는 노동자가 생산과 부를 창출하기 위한 고된 노동을 수행하도록 동기를 만드는 문제에 끊임없이 직면한다. 이렇게 노동자에게 경멸적인 이름표를 붙인 결과, 자본주의는 반복해서 다음과 같은 결론에 이르게 되었다. 즉 일할 의지가 없는 것처럼 보이는 이들이 일하지 않을 수 없도록 만들기 위해서는, 자원의 배분을 조정하고 강압적인 조치를 취해야 한다는 것이다. 우리는 데즈먼드의 책의 "우리는 복지에 어떻게 의존하는가"(How We Rely on Welfare)라는 장에서 자본주의가 퍼뜨리는 선전에는, 그것을 지배하는 고정관념의 세 가지 측면이 있음을 식별할 수 있다.

1. 데즈먼드는 부유한 자들이 가난한 사람을 어떻게 보는지 면밀하게 살핀다. 먼저 그는 부유한 자들이 가난한 사람에게 '게으르다'는 이름표를 붙인다는 점을 반복해서 비판한다.

2. 데즈먼드는 가난한 사람에게 '게으르다'는 이름표를 붙이는 일이 복지 프로그램에 대한 인식을 어떻게 지배해왔는지 고찰한다. 그는 '보호받는 계층'이 '복지 급여'의 큰 부분을 차지하지만, 정작 가난한 사람은 자신이 마땅히 받아야 할 혜택을 요구하는 데 매우 소극적이라고 말한다.

반면에 우리 가운데 나머지 사람들(보호받는 계층에 해당하는 사람들)은 복지 프로그램에 점점 더 많이 의존하게 되었다. 2020년 연방 정부는 주택 소유자 보조금으로 1,930억 달러가 넘는 돈을 썼는데, 이는 저소득 가정을 위한 직접 주거 지원에 사용한 금액(530억 달러)을 훨씬 넘는다. 그런 보조금을 받는 것은 대부분 십만 단위 수입을 올리는 백인 가정이다. 그래도 운이 좋아 정부 소유 아파트에서 사는 가난한 가정은 직접 곰팡이를 제거하고 심지어 납 성분이 든 페인트까지 제거해야 할 때가 잦지만, 부유한 가정은 첫 번째 집은 물론 두 번째 집을 담보로 잡히고, 돈을 빌릴 때도 대출 금리를 내려 달라고 요구한다. 가난한 부모는 평생 복지 급여를 받을 수 있는 기간이 최장 5년이지만, 주택 담보 대출 금리를 깎아 달라고 요구하는 가정은 대출 기간 내내 복지 급여를 받을 수 있으며, 이는 보통 30년 동안 계속된다. 15층인 공공 주택과 담보로 잡힌 교외 주택이 모두 정부 보조를 받지만, 오직 전자만이 정부 보조를 받는 것처럼 보인다(그리고 그렇게 느껴진다). (90-91쪽)

데즈먼드는 이렇게 결론짓는다.

우리는 모두 실업 급여를 받는다…오늘날 연방 보조금의 가장 큰 수혜자는 부유한 가정이다. 여러분이 고용주가 후원하는 건강 보험 혜택을 받으려면 좋은 일자리를 얻어야 하며, 그런 일자리를 얻으려면 보통 학사 학위가 있어야 한다. 여러분이 주택 담보 대출의 금리를 낮춰 주는 혜택을 받으려면 집을 구입할 자력을 갖고 있어야 하며, 담보 대출을 가장 많이 받을 수 있는 이들이 가장 큰 금리 인하 혜택을 누린다. 529 플랜[11]의

---

11 세금 혜택을 받는 대학 학자금 저축.

혜택을 받으려면 자녀의 대학 학자금에 필요한 현금을 모아 둘
수 있어야 하며, 더 많이 저축할수록 세금 감면도 많이 받는다.
부유한 이들이 이런 보조금을 거의 다 쓰는 것도 그 때문이다…
미국 정부는 정부의 도움이 가장 필요 없는 이들에게 가장
많은 도움을 준다. 이것이 우리 복지 국가의 본질이다. 이는
우리 은행 계좌와 빈곤 수준뿐 아니라 우리의 심리와 시민
정신에도 시사하는 의미가 아주 크다. (92, 93, 95쪽)

3. 데즈먼드는 여기에 많은 시간을 할애하지 않지만, 복
지 제도의 파괴적인 힘이 대부분 인종 차별의 렌즈를 통해
여과되며, 그 결과 흑인들에게 가장 빈번하고 일상적으로
'게으르다'는 이름표를 붙인다고 본다.

그동안의 연구는 미국인이 오랫동안 품어 온 두 믿음을
일관되게 보여준다. 첫째, 미국인은 복지 혜택을 받는 이가
대부분 흑인이라고 (잘못) 믿는 경향이 있다. 진보적인
사람이나 보수적인 사람이나 다 그렇게 믿는다. 둘째, 많은
미국인은 흑인에게 여전히 노동에 대한 책임감이 부족하다고
믿는다…2021년에 실시된 조사에서는 미국인 7명 중 1명
이상이 여전히 흑인을 게으르다고 여기는 것으로 나타났다.
이러한 인종 차별적 적대감이 사회적 혜택에 대한 미국인의

반감을 더욱 부추긴다. (86쪽)

시간이 흘러도 반복되는 이 세 가지 요인은 가난한 사람에 대한 가혹한 조치를 정당화하는 데 사용된다. 그 결과 빈곤은 개인의 책임으로 치부되고, 복지 혜택을 받으려면 반드시 노동을 통해 "대가를 치러야 한다"는 식의 처벌적 조건이 뒤따르게 된다. 데즈먼드는 가난한 사람에 대한 이런 흔한 오해가 어떻게 정책을 형성해 왔는지, 그리고 가혹한 선전이 어떻게 그런 정책을 지속시키고 강화해 왔는지 우리에게 보여준다.

우리는 이런 왜곡을 심화하는 예를 잠언의 가르침에서 많이 발견할 수 있다. 잠언에 있는 경구들은 부의 축적보다는 안정적이고 질서 있는 경제를 중시하던 농촌 공동체 소농들의 정치적 안목과 관심사를 반영하고 있을 가능성이 크다.

이런 공동체의 삶에는 고유한 윤리적 분위기가 존재한다. 이 분위기는 구성원 개인이 공동체가 기대하는 방식에 따라 살아가도록 요구하며, 공동체는 오랜 시간에 걸쳐 형성된 모범과 가치를 개인에게 제공한다. 대체로 개인은 공동체가 결정한 이런 요인들에 무심코 순응한다. 그러나 반대로 행위

규범이 이런 요인들에 순응하며 변화하기도 한다… 이와 같은 사고방식은 매우 정태적인(static) 성격을 띤다. 이 지혜 전통의 언어는 변하지 않는 질서의 관점에서 삶을 이해하려고 한다. 그것은 하루하루의 사회 문제보다는, 시대와 상황을 초월해 유효한 원리와 규범에 주목한다. 사람들은 이런 사회 질서를 당연하고 안정적인 것으로 받아들인다. 어쨌든 그것 자체는 논쟁의 대상이 아니며, 신학적으로 정당화될 필요도, 과격한 비판의 대상이 될 필요도 없다고 여겨진다. (게르하르트 폰 라트, 『이스라엘의 지혜』, 75, 76, 85쪽)

잠언의 지혜는 농경 사회의 가부장제가 추구하는 경제적 안정과 공동체 질서를 강화하고 정당화하기 위해 단순한 인과 관계 논리에 기반한 가르침을 내세웠다. 이처럼 단순한 세계관에서 가난은 게으름과 나태, 그리고 마땅히 해야 할 일을 하지 않은 결과로 쉽게 간주되었다. 잠언에 게으름을 비판하는 말이 유독 많은 것도 그 때문이다.

게으른 손은 가난을 만들어 내지만,
부지런한 손은 부유함을 만들어 낸다.
여름에 거두는 자식은 분별이 있으나,
수확할 때 자는 자식은 부끄러움을 가져온다. (10:4-5)

게으른 자의 열망은 아무리 강해도 아무것도 얻지 못하나,

부지런한 이의 열망은 풍성히 받는다. (13:4)

게으름은 깊은 잠을 가져오나니,

빈둥거리는 사람은 굶주리리라. (19:15)

게으른 사람은 밭을 갈아야 할 철에 밭을 갈지 않으니,

거둘 때가 와도 거둘 것을 찾지 못하리라. (20:4)

잠을 사랑하지 말라. 그렇지 않으면 가난해지리라.

네 눈을 뜨라. 그러면 네가 많은 빵을 가지리라. (20:13)

게으른 사람의 욕망은 죽음을 부르나니,

게으른 손은 일하려 하지 않기 때문이다. (21:25)

내가 게으른 자의 밭과

어리석은 자의 포도밭을 지나며

보니, 모든 것이 가시덤불로 덮여 있었고

땅은 쐐기풀로 덮여 있었으며,

돌담은 무너져 있었다.

그때 내가 그것을 보고 깊이 생각하며

가르침을 받았다.

좀 더 자자, 좀 더 졸자,

조금만 손을 오므리고 쉬자 하면,

가난이 강도처럼 네게 올 것이요

곤궁이 무장한 병사같이 오리라. (24:30-33; 전 10:18을 보라)

지혜의 스승들이 사회를 안정시키는 데 필요한 요구와 기대를 끝없이 되풀이하여 제시했기 때문에, 위와 같은 예를 더 많이 제시할 수 있을 것이다. 가령 한스 발터 볼프(Hans Walter Wolff)는 『구약의 인간론(*Anthropologie des Alten Testaments*)』(영역본 제목은 *Anthropology of the Old Testament*)에서 이 모든 자료를 검토했다. 노동에 관한 그의 논의는 중요한 단서를 남기고 끝난다(영역본 131-132쪽). 요약하자면 부와 안녕을 가져다주는 것은, (인간의 노력이 아니라) 결국 하나님이 베푸시는 복임을 인정함으로써 노동과 부의 확실한 대가 관계[12]가 깨지고 만다. 볼프는 이렇게 결론짓는다.

이처럼 이스라엘의 지혜는 노동에 대한 올바른 이해를 가르쳐 준다. 인간은 그 규칙을 받아들여야 하지만, 무엇보다 그것을

---

12 인간이 부지런히 일하면 틀림없이 부유해지고, 게으르면 틀림없이 가난해진다는 추론.

정하신 하나님을 인정해야 한다. 그러면 그는 게으름 때문에 동물(가령 개미)보다 못한 존재로 떨어지지 않을 것이며, 자신을 속임으로써 하나님의 자리를 찬탈하지도 않을 것이다. (영역본 133쪽)

볼프의 마지막 말이 취하는 균형은 주목할 만한 가치가 있다. 하나님의 통치를 무시하면 게으름으로 이어질 수도 있다. 옳다! 또한 하나님의 통치를 무시하면 '자기기만'으로도 이어질 수 있다. 부유한 사람들은 자신이 오직 자기 힘으로 성공했다고 여기며, 마치 프로메테우스처럼 자기주장을 할 권리를 가진 존재[곧 스스로 자신을 만들어 낸 존재]라고 믿고 싶은 유혹에 빠질 수도 있다. 하나님의 실재는 대가 관계식 계산법에 대한 신뢰를 초월하며(무너뜨리며), 그런 추론을 최종 결론이 아니라 부차적 논증으로 만들어 버린다. 이런 제약 조건이 대단히 중요하긴 하지만, 확신을 품고 대가 관계라는 가혹한 규칙을 받아들이는 이들이 내세우는 자기주장의 어조를 낮추기에는 분명 충분하지 않다.

하지만 우리가 야훼의 통치를 인정하고 강조하면, 성서 곧 출애굽 내러티브가 노동과 게으름에 관하여 제시하는 사뭇 다른 사례를 고찰할 길이 열린다. 그 내러티브는 히브리 사람들의 이집트 노예 시절을 떠올리기 위해 유월절에 낭송된다. 우리가 이 내러티브에 관하여 '역사와 관련된'(historical) 어떤 판단[그것이 말하는 내용이 실제 역사적 사실인지 여부에 대해 내리는 판단]을 내리는가는 중요하지 않다. 이 내러티브가 이스라엘의 실제 삶 속에서 하나의 패러다임처럼 기능하고 있기 때문이다. 따라서 이 내러티브는 힘을 가진 계급이 그들의 강압에 저항할 힘도 없는 약한 이들에게 끝도 없이 노동력을 강요하는 상황이라면 시간을 초월하여 어느 상황에나 들어맞는다.

그렇게 낭송하는 패러다임에서 '파라오'는 값싼 노동력을 부와 안녕의 원천으로 삼아 의지하는 무자비한 소유자 계급을 상징한다. 결국 그 내러티브에서 파라오의 목표는 그의 넘쳐나는 부를 곡물이라는 형태로 쌓아 둘 곡물 창고들[국고가 있는 도시들]을 짓는 것이다(James C. Scott, *Against the Grain: A Deep History of the Earliest States*, 2017을 보라). 파라오는 노동자들에게 전혀 관심을 두지 않고, 그들과 아무런 관계도 맺지 않은 채 오직 곡물을 저장할 창고를 짓는 데 필요한 벽돌을 끝없이 만들라고 강요한다. 그러나 성서는 이 내러티브를 '아래로부터,' 곧 착취당하는 노동자들의 시각에서 들려준다. 착취당한 노동자들은 많은 상상을 동원하지 않아도, 파라오가 노동[노동자들]에 대해 품은 기대 — 내가 다른 곳에서 '파라오의 십계명'이라 부른 것 — 를 여과 없이 드러낸다. 우리는 출애굽기 5장에서 이런 요구들을 추적할 수 있지만, 결국 그 모든 것은 더 많이 생산하라는 요구로 귀결된다.

출애굽기 5장은 파라오가 값싼 노동력을 폄하하며 내세운 논리를 비판적인 시각으로 진술한다.

> 그러나 너희는 그들에게 그들이 전에 만들었던 것과 같은 수량의 벽돌을 요구하라. 그들은 게으르니, 그 수량을 줄이지 말라. (출 5:8)

> 너희는 게으르고 게으르다. 그러므로 너희는 "우리가 가서 주[야훼]께 제사를 드리게 하소서"라고 말한다. (출 5:17)

즉 파라오는 훗날 가난한 이를 '게으르다'고 무시하며 이름표를 붙이는 우리의 태도를 예견하고 있다. 당대로 거슬러 올라가 대가 관계식 셈법으로 본문을 읽어 보면 그런 판단에 다다르게 된다. 이 시대의 눈으로 본문을 읽어 보면 노동력[노동자들]이 결국 절망과 가난으로 끝났다는 것을 알 수 있다. 게으름이 그들의 절망과 가난을 낳았다는 사실은 그 셈법을 뒤집어 보면 결코 놀랍지 않다. 하지만 이 내러티브에는 히브리 노예들이 게으르다는 증거가 없다. 히브리 노예들이 만들어야 할 벽돌 수는 계속 늘어났다. 이는 마치 영국의 면직물 공장에 필요한 면화가 늘어남에 따라, 미국의 흑인 노예들이 생산해야 하는 면화의 양이 늘어난 것과 마찬가지다.

성서 속에 존재하는 긴장, 곧 게으름(빈둥거림)에 관한 지혜의 확실한 가르침, 그리고 파라오의 선전에서 '게으름'이 사람들을 멸시하는 이름표로 기능한다는 점 사이에 존재하는 긴장은 살펴볼 만한 가치가 있다. 파라오의 선전은 '게으름'이라는 이름표를, 끝없는 생산을 정당화하고 노예들, 곧 사람의 존엄성과 생존력을 떨어뜨리는 데 사용한다.

나는 잠언에 나오는 '게으름'과 출애굽기에 나오는 '게으름' 사이의 긴장에 교회가 최대로 주목할 만한 가치가 있음을 의심하지 않는다. 사람들은 보통 성서가 한목소리로 말한다고 믿는다. 그러나 그렇지 않다. 성서는 다양한 목소리로 말하며, 각 목소리는 사회 현실의 어떤 차원을 반영한다. 잠언에서 말하는 목소리는 '위로부터' 들려오며, 가부장의 시각에서 재산과 안녕을 규정하는 가부장제 질서를 강요하고 지속시키는 것을 목표로 삼는다. 출애굽기에서 말하는 목소리는 '아래로부터' 들려오며, 약육강식의 사회경제 상황 속에서 모든 것을 잃고 버림받은 사람들의 곤궁함과 고통과 절망을 반영한다.

성서를 우리 시대에 확립된 이해관계를 따라 읽으려는 유혹은 끊임없이 존재한다. 그것은 부유한 교회가 오랫동안 따라 온 관습이다. 성서를 '위로부터' 읽고 바라보며 살아가는 교회에서는 잠언의 셈법이 설득력을 지닌다. 그러나 복음은 당연히 우리가 성서를 그저 우리 시대에 확립된 이해관계의 메아리 정도로 읽는 것을 허용하지 않는다. 복음은 우리에게 확립된 이해관계라는 안전지대를 벗어나 '정의와 의'에 이롭게('정의와 의'를 이루는 쪽으로) 성서를 읽으라고 권면한다(요구한다!). 우리가 성서를 그렇게 읽을 때, 진정으로 우리 자신의 시각이 아닌 다른 시각으로 성서를 읽을 수 있게 된다. 따라서 우리는 가령 출애굽기 5장의 내러티브가 우리의 안전지대인 잠언과 어떻게 반대로 말하고 있는지 살펴봐야 한다. 출애굽기 5장의 시각을 고려할 때, 우리는 "여기서 말하는 이는 누구인가?"라는 물음을 던질 수 있다. 그렇다. 다름 아닌 노예 공동체는 파라오가 무슨 생각을 하는지, 파라오가 사람들을 노예로 부리는 것을 어떻게 쉽게 정당화할 수 있는지 정확히 알고 있다. 그러나 뒤이어 우리는 이 내러티브가 일회성 보고가 아니라 하나의 패러다임임을 기억하며 이 질문을 다시 던져 볼 수 있다. 그러면 이 내러티브가 아주 적은 급료를 받으면서도 끝없이 생산해야 하는, 경제 밑바닥에 있는 모든 이의 목소리임이 드러난다. 그들이 무엇을 생산하든 결코 충분하지 않다! 우리 시대에 확립된 이해관계를 따라 '위로부터' 성서를 읽으면 언제나 가난한 이는 게으르고 빈둥거리며, 생산해야 할 것을 하지도 않고 무책임하며 부주의하다는 안이한 판단을 내리기 마련이다.

하지만 성서의 내러티브는 이와 반대로 말한다. 성서의 내러티브는 하나님이 노예들의 고난에 주목하셨다고 말한다(출 2:23-25). 하나님은 그 고통을 보셨다! 하나님은 그 신음을 들으셨다! 하나님은 그 착취 체계를 전복하기 위해 행동하셨다. 그리고 시내에서 하나의 대안 경제[13]를 정식으로 인정하셨다. 즉 십계명은 다름 아니라 착취에 기초한 파라오의 생산 체계에 맞선 저항의 한 형태로 주어진 것이다(출 20:1-17). 그 '큰 열 계명'(Big Ten)의 중심에 안식일에는 일하지 말고 쉴 것을 명한 규정이 있다(출 20:8-11). 그 '큰 열 계명'의 결론에는 탐심을 금지하는 계명이 있다(출 20:17). 이것이 '더 탁월한 길'이지만, 이 길은 약탈을 일삼는 관행과 착취를 일삼는 정책이 어떻게 현존하고 있는지 분명히 분별할 때라야 가능하다. 그런 관행과 정책은 가난한 이들을 비하하는 이름표를 붙임으로써 정당화되고 있다. 교회는 오직 지체들에게 긴장을 품고, 그 긴장으로부터 배움을 얻으라고 요청

---

13 노예들을 고통스럽게 했던 경제와 다른 경제.

할 수 있을 뿐이다. 그것은 편리한 자기기만과 불편한 진리 사이의 긴장이다. 가난은 게으름의 결과가 아니다. 그것은 어떤 환상을 지속하려고 설계한 한 경제(경제 체제)의 결과물이다.

우리는 정말 이 나라 최상위 1퍼센트가 나머지 사람들보다 가치 있다고 믿는가? 정말 2023년에 백인이 흑인보다 훨씬 많은 부를 소유하고 있는 것은 백인이 부를 얻으려고 더 열심히 일했기 때문이라고(또는 여자가 남자보다 적은 임금을 받는 이유는 남자보다 당연히 덜 받아야 하기 때문이라고) 주장할 것인가? 우리는 화학 물질 때문에 피부가 벗겨진 가정부나 더 이상 똑바로 서지도 못하는 베리(berry) 수확 노동자나 열악한 노동에 시달리는 또 다른 수백만 미국인을 가리키며, 그들은 게을러서 밑바닥을 벗어나지 못한다고 주장할 만큼 뻔뻔한가? (99-100쪽)

데즈먼드는 그런 착각을 간명하면서도 솔직하게 정당화하는 말로 마무리한다.

풍족한(well-heeled) 이들은 가난해지기를(to get un-well-heeled)

원하지 않는다. (101쪽)[14]

나는 우리 가운데서 자주 읽히지 않는 한 성서 구절로 이번 장을 마치려고 한다. 에스겔은 그가 사용한 알레고리에서 유다를 '소돔'에 빗댄다. 물론 사람들은 '소돔'이 동성애와 관련이 있다고 생각한다. 하지만 에스겔은 소돔(유다)의 죄에 대해 아주 다르게 생각한다.

> 이것이 네 자매 소돔이 저지른 죄악이었으니, 그(소돔)와 그 딸들은 오만했고, 음식이 넘쳐났으며, 번영에 취해 안락을 누리면서도 가난한 이와 곤궁한 이를 돕지 않았다. (겔 16:49)

성(性) 때문이 아니다! 경제 때문도 아니다! 목이 부러질 것 같은 오만, 넘쳐나는 음식, 그리고 자아도취에 빠진 채 누린 안락함은 예루살렘 엘리트들의 풍족함을 상징한다. 그들은 정말 "시온에서 만사태평"하다(암 6:1). 그들은 안락함에 취해 망가져 제 기능을 못하는 경제가 앞으로 가져다줄 어려움을 보지 못했다. 그들은 다가오는 어려움을 보기를 거부했다. 그들의 안락함은 어려움을 알아차리지 못하게 막는

---

14 원래는 미국 인권운동가인 엘라 베이커(Ella Baker)가 한 말이다. 원서의 *un-well-healed*는 *un-well-heeled*를 오기한 것이다.

마약과 같다. 파라오는 인종과 계급에 관한 슬로건 뒤에 가려진 무관심을 잘 보여주는 전형이다. 출애굽기 5장의 내러티브는 그런 착각에 빠지지 말라는 강력한 요구다. 그것은 다른 많은 곳에서도, 특히 나사렛 예수 이야기 속에서도 계속된다. 다가오는 어려움을 알아차리고 근신하는 이들은 편안한 자기기만에, 볼프가 "하나님의 자리를 찬탈하는" 것이라고 말했던 삶에 동조하지 않는다.

4장

개인의 풍요함과
공중의 비천함

데즈먼드의 책에서 네 번째로 참조한 것은 우리 사회에서 '가진 자'와 '가지지 못한 자' 사이에 존재하는 커다란 경제 위기에 관한 설명과 관련된다. 그는 이 경제 위기를 "개인의 풍요함과 공중의 비천함"[배부른 사익(private opulence)과 쪼그라든 공익(public squalor)]이라 부른다. 데즈먼드는 이 중요한 말을 다섯 차례 사용한다.

> 빈부 격차가 극심한 나라, 수백만의 가난한 사람들이 수백만의 부자들과 더불어 살아가는 나라에는 무슨 일이 일어날까? 그렇게 엄청난 불평등이 존재하는 나라를 보면, 가난한 이는 공익사업에 더 의존하게 되지만 부유한 이는 거기서 벗어날 길을 찾으려 한다. 이는 "개인의 풍요함과 공중의 비천함"으로 이어지며, 자기를 강화하면서 우리를 더 갈라놓는 방식으로 공동체를 변질시킨다. (105쪽)

개인의 풍요함과 공중의 비천함을 극명하게 펼쳐 보이는 곳이, 무질서하게 뻗어 나가고 사람들이 와글거리는 개발도상국의 도시다. (106쪽)

돈과 그것이 빚어내는 모든 흐름을 따라가 보면, 개인의 풍요함과 공중의 비천함을 추구하는 경향이 어떻게 소수의 공동체뿐 아니라 나라 전체를 정의하게 되었는지 알 수 있다…세금 감면은 개인의 풍요함과 공중의 비천함을 만들어 내는 주요 동력 가운데 하나다. 우리는 근래 수십 년 동안 세금 감면을 실시하는 공화당에 익숙해졌다. (107, 109쪽)

개인의 풍요함과 공중의 비천함으로 나아가는 움직임은 가난한 이에게 해를 입힌다. 그것은 광범위한 공공재 투자 중단으로 이어질 뿐 아니라, 그 결과로 기회의 주요 공급자인 공공 제도를 대신할 새로운 민간 기업들이 생겨나게 된다. 그런 민간 기업에 의존하는 시민들이 더 많아지면서, 시민들이 공공 제도에서 받는 지원은 훨씬 더 줄어든다. 이처럼 공공재 투자가 철회되면, 새로운 관심도 재투자도 뒤따르지 않는다. 그것은 더 많은 투자 중단을 가져오고, 극단의 경우에는 미국 우편 서비스처럼 우리가 아주 소중히 여기는 공공 제도와 사회 보장 같은 프로그램조차도 민영화하라는 요구를 증폭시킨다. (111쪽)

데즈먼드는 세금 감면을 총소득과 부의 격차를 불러온 주된 원인으로 간주한다. 부자의 세금을 깎아 주면, 돈의 흐름은 공동선에서 개인의 사사로운 이익 추구 쪽으로 옮겨 간다. 민영화 추진은 공동선을 이루려는 투자와 사회 전반에 필요한 공공 자원에 대한 투자를 중단하는 결과를 야기한다. 이런 투자 중단의 한 결과는, 인간의 삶에 필수적인 것들이 그것을 구매할 여유가 있는 사람만의 몫으로 변하는 현상 곧 상품화다. 삶에 필수적인 요소들의 상품화가 이루어지면, 그 대가를 지불할 여유가 없는 사람은 자신의 필요를 박탈당하고 만다. 이처럼 가진 자와 가지지 못한 자의 차이가 커지면 가난을 나타내는 지표들도 커진다.

이 시대에 존재하는 빈부 격차는 성서에서도 분명하게 나타난다. 자기도취에 빠진 솔로몬 왕의 초상이 바로 그 사례에 해당하는 것으로 볼 수 있다. 우리는 열왕기상 10장에서 스바(시바) 여왕이 솔로몬의 부와 영화에 감탄하는 모습을 본다. 그리고 스바 여왕도 왕의 부에 기꺼이 보탬이 된다.

이어 그[스바 여왕]가 금 백이십 달란트와 아주 많은 향료와 보석을 왕에게 주었으니, 스바 여왕이 솔로몬 왕에게 준 것만큼 많은 향료가 다시는 오지 않았다. (왕상 10:10)

열왕기상 10장의 나머지 부분은 왕의 사치스러운 생활을 끊임없이 묘사한다. 더욱이 우리는 8절에서 이런 의미심장한 진술을 만난다.

당신의 아내들은 행복하겠군요. 당신의 종들도 행복하겠군요. 당신을 모시며 당신의 지혜를 들으니! (왕상 10:8)

여기서 '종들'은 왕의 무리에 속한 제사장, 서기관, 고문 등으로 이루어진 과두 지배 집단을 가리킨다. 그것은 왕의 부유함 덕을 보고 있던 작은 무리다. 솔로몬 내러티브의 다른 부분에서는 그들이 (1) 농노나 노예로 전락하고(왕상 5:13-16), (2) 과도한 세금 부과로 인해 봉기에 참여했던(왕상 12:1-19) 농부들이라는 점이 대조된다. 데즈먼드가 말하는 '비천함'은 이 사람들에게 지나친 표현일 수도 있지만, 그들이 아무 혜택도 누리지 못하고 빈곤한 삶을 살며 국가의 수탈에 희생되었음을 쉽게 알 수 있다. 솔로몬은 엄청난 풍요를 구가했지만, 그 때문에 백성의 극렬한 분노를 샀다.

사유화 그리고 공동선을 이루어 할 영역에 부를 사용하지 않으면서 발생한 가진 자와 가지지 못한 자 사이의 격차는, 이스라엘 예언자 전승의 주요 주제이며, 특히 고발과 판결이 등장하는 '소송'이라는 수사적 도구를 통해 표현된다.

호세아 4장 1-3절이 제시하는 예언자의 '소송' 모델은 두드러지게 간결하고 명쾌하다.

고발

이 땅에는 신실함이나 성실함도 없고 하나님을 아는 지식도
없다.
악담과 거짓말과 살인과
도둑질과 간음이 넘쳐 나고,
피 흘림이 피 흘림을 뒤따르는구나. (호 4:1-2)

판결

그러므로 이 땅이 슬퍼하고
이 땅에 사는 모든 이가 쇠약해지며,
들짐승과 공중의 새,
심지어 바다의 물고기까지 없어지리라. (호 4:3)

예언자는 사람들에게 성실함과 연대(solidarity)가 없음을 한탄한다. 그는 이런 상태가 가뭄과 경제 위축의 원인이 된다고 본다. 대체로 다른 예언자들도 경제적 격차가 심각

한 환경 위기를 초래한다고 강조한다. 그러나 그들은 이처럼 깊이 뿌리박힌 경제 위기를 해결할 구체적인 방안을 제시하지 않는다. 그 대신 부유한 이들이 흐름을 되돌려 공동선에 투자함으로써 공동체 전체의 안녕에 이바지해야 한다고 촉구한다.

아모스는 당시 개인이 누리던 풍요를 매우 자세히 묘사한다.

> 오호라, 상아 침대에 눕고
>
> 침대에 기대 누워 빈둥거리며,
>
> 양 떼에서 어린양을 잡아먹고
>
> 우리에서 송아지를 잡아먹는 자들아,
>
> 하프 소리에 맞춰 한가한 노래나 부르고
>
> 다윗처럼 즉석에서 악기를 연주하는 자들아,
>
> 대접으로 포도주를 마시고 가장 좋은 기름을
>
> 바르는 자들아…. (암 6:4-6상)

이 예언은 "오호라"로 시작하는데, 이는 '큰 어려움이 다가온다'라는 의미로 받아들일 수 있다. 개인의 풍요가 공동체의 경제를 무너뜨릴 때, 큰 어려움이 하나님에게서 올 것이다. 예언자는 이 "오호라"의 원인을 자세히 밝힌다. 그의 예언은 방종이라는 이미지 위에 머물러 있다.

- 상아 침대…그러나 겨우겨우 생계를 이어 가는 농부들은 짚더미 위에서 잠을 잔다
- 어린양…그러나 겨우겨우 생계를 이어 가는 농부들은 양을 키워야 양고기를 얻는다
- 송아지…그러나 겨우겨우 생계를 이어 가는 농부들은 송아지를 소로 키워야 한다
- 한가한 노래…얼이 빠진 채, 지루한 오락이나 하며 시간을 보낸다
- 대접으로 포도주를 마시고…조금씩 홀짝거리지 않고 많은 양을 들이킨다

그들은 이처럼 귀한 것들을 날마다 무분별하게 소비했다. 이 장면은 부와 안락함과 방종이 극에 달한 모습 가운데 하나다. 다음의 예언은 예언자가 제기한 고발의 절정을 담고 있다.

그러나 그들은 요셉의 파멸을 슬퍼하지 않는다! (암 6:4 하)

그들은 사회가 완전한 파멸을 맞으리라는 것을 알아차

리지 못했다. 어떻게 해야 그들이 알아차릴까? 그들의 시각은 방종 때문에 일그러졌다. 지나친 편안함이 그들의 분별을 가로막는다. 예언자의 지평에서 보면, 7절이 심판을 나타내는 "그러므로"와 함께 다음과 같은 통렬한 예상을 제시하는 것은 당연하다.

> 그러므로 그들이 이제 가장 먼저 포로로 사로잡혀 가고,
> 침대에 기대 누워 빈둥거리는 이들의 흥청거림이 그치리라. (암 6:7)

포로로 잡혀가면 그들의 방탕함과 사치도 끝날 것이다. 예언자들은, 도덕적 일관성이 지켜지는 세계라면 설령 풍요함과 비천함 사이의 격차가 세상 돌아가는 이치를 잘 알고 있어야 할 이들에게 갑작스레 닥친다 하더라도 그런 격차는 지속될 수 없다고 판단한다. 아모스 8장 4-6절은 탐욕에 찌든 자들이 약하고 가난한 이들을 속이는 방법을 묘사하면서 그들의 풍요와 대비되는 모습을 부각한다. 이는 끝도 없는 착취를 보여준다. 탐욕스러운 안식일의 이미지, 저울 속이기, 값싼 노동력이 다 그런 것이다.

이사야 예언자는 예루살렘 여자들, 곧 '시온의 딸들'이 한없는 탐닉에 빠져드는 장면을 묘사한다.

이는 시온의 딸들이 교만하여

목을 늘여 빼고 걷고

바람둥이처럼 곁눈질하며,

걸을 때 아장아장 걸어

발로 딸랑딸랑 소리를 내기 때문이다. (사 3:16)

이사야는 그들의 옷장에 들어찬 사치스러운 옷과 장신구들을 조롱하는 말투로 열거한다.

그날에 주께서 화려한 장식이 있는 발목 고리와

머리띠와 반달 모양 장식과 귀고리와 손목 장신구와

목도리와 머리 장식과 팔찌와 장식 띠와

향수 상자와 호신부와 인장 반지와 코 고리와

예복과 망토와 소매 없는 겉옷과 손가방과

얇은 천으로 만든 옷과 마포로 만든 옷과

터번과 얼굴 가리개를 제거하시리라. (사 3:18-23)

그런 뒤 느닷없이 '대신하다'라는 말을 다섯 번이나 언급한다. 그 결론은 오직 '슬퍼하고 애도하는' 것일 수밖에 없다(사 3:26).

예레미야는 경제가 무관심 속에서 실패했음을 묘사한 이 슬픈 예언에 그의 수사를 덧붙인다. 그는 한편으로 이렇게 말한다.

> 그들이 커지고 부유해졌으며,
>
> 그들이 살이 쪄 기름기가 흐르게 되었다. (렘 5:27-28)

그들은 너무 잘 먹는다. 기름진 음식은 무관심을 불러왔다. 그러나 다른 한편에서는 대중의 비천함이 넘쳐난다.

> 그들은 그 잇속을 챙기려고 고아의 송사를 정의롭게 판단하지 않으며,
>
> 곤궁한 자의 권리를 보호하지 않는다. (사 3:28)

예루살렘의 엘리트들은 철저히 자기중심적이어서 취약한 백성에게는 눈길도 주지 않는다. 그들의 욕망은 푸드 스탬프(food stamps)[15]나 의료 복지, 주택 보조금 지급 같은 사회 안전망을 집어삼켰다. 풍요가 그 모든 것을 먹어 치웠다!

마지막으로 에스겔 예언자는 상거래에 나오는 상품을

---

15 미국 정부가 저소득층에 제공하는 식비 지원 제도.

열거하며 개인의 풍요를 묘사한다. 그는 이를 두로(Tyre)의 교역 품목으로 제시하지만, '두로'는 특정 도시가 아니라 모든 관계를 상거래로 전락시킨 사회를 가리킨다.

다시스가 너와 거래한 것은 네 부가 막대하고 풍족했기 때문이니, 그들은 은과 철과 주석과 납을 네 물품과 바꿨다. 야완과 두발과 메섹이 너와 거래했으니, 그들은 사람들과 놋그릇을 네 상품과 바꿨다. 도갈마(벳토가르마)는 말과 군마와 노새를 네 물품과 바꿨다. 드단(로도스) 사람들이 너와 거래했고, 많은 해안 지대가 네 특별한 시장이었다. 그들은 네게 상아와 흑단을 대금으로 가져왔다. 에돔이 네 풍부한 물품 때문에 너와 거래했으니, 그들은 터키옥과 자주색 천과 수놓은 작품과 가는 베와 산호와 루비를 네 물품과 바꿨다. 유다와 이스라엘 땅이 너와 거래했으니, 그들은 민닛에서 난 밀과 수수와 꿀과 기름과 유향을 주고 네 물품을 사갔다. 다메섹(다마스쿠스)이 너와 거래하여 네 풍부한 물품을 사갔으니(네게 온갖 것이 아주 풍부하기 때문이요) 헬본의 포도주와 흰 양털을 네게서 사갔다. 워단과 야완은 우살에서 너와 거래하며 네 물품을 샀으니, 가공한 철과 카시아 계피와 달콤한 사탕수수 줄기를 주고 네 물품을 사갔다. 드단은 말을 탈 때 안장에 쓸 천으로 너와 거래했다. 아라비아와 그달의 모든 고관은 네가 애호하는 상인으로서 어린양과 숫양과 염소를 취급했으니, 그들은 이것들로 너와 거래했다. 스바와 라마의 상인들도 너와 거래했으니, 그들은 온갖 최고급 향료와 보석과 금을 주고 네 물품을 샀다. 하란과 간네와 에덴, 스바 상인들, 앗수르와 길맛도 너와 거래했다. 그들은 아주 좋은 옷과 수놓은 청색 옷과 색깔 있는 재료로 짠 양탄자를 끈으로 단단히 묶어 너와 거래했으니, 이것들로 너와 거래했다. 다시스의 배들은 네가 거래할 때 너를 위해 항해했다. (겔 27:12-15)

내가 시간을 들여 (에스겔처럼) 목록 전체를 되풀이한 것은 우리가 잠시 이 목록 속의 물품을 하나하나 살펴보며, 그것들이 나라 바깥에서 왔음을 알아차릴 수 있게 하기 위해서다. 우리는 "대체 이런 물품이 필요한 이들은 누구인가"라는 질문을 던져 볼 수 있다. 아니면 "이런 물품이 대체 무엇에 좋은가"라는 질문을 던져 봐도 되겠다. 물론 그 답은, 돈과 시간이 넘쳐나는 극히 방탕한 이들에게만 그것이 '필요하다'는 것이다. 그들이 그토록 많은 돈을 가진 이유는 납세를 통해 공동선에 기여하지 않아서다. 무거운 세금을 내면서 쥐꼬리 같은 수입으로 근근이 연명하는 저임금 노동자들에게 이 물품 목록이 어떻게 보이고 들렸을지 우리는 생각해 볼 수 있다.

13절이 '사람들'을 물품과 함께 열거한다는 점에 주목하는 것이 중요하다. 모든 것이 상품으로 전락할 때, 결국 사람도 사고팔 수 있는 대상이 된다. 어쩌면 값싼 노동력이 될 수도 있고 성매매의 대상이 될 수도 있다. 어느 쪽이든 그렇게 '상품'이 되어 버린 사람은 잊히고 무시당한다. 그런 사람에게는 권리라는 것이 아예 없다. 그들은 주거, 건강, 교육과 관련된 경제 지원도 받지 못한다. (요한계시록 18장 11절은 로마제국과 관련된 목록을 축약해 제시하는데, 그 마지막 항목이 "노예들과 사람들의 목숨"임에 주목하라! 정책을 만드는 자들이 방종에 푹 빠져, 취약한 다른 사람들을 그들을 집어삼키는 욕망에 먹이로 던지는 경제는 하나같이 그런 모습이다.)

데즈먼드는 미국 경제 상황에 관한 그의 분석에서 단호한 입장을 피력한다. 그는 그의 고발 내용에 정치의 어두운 측면을 모두 포함시킨다.

진보 성향 도시들이 가장 높은 담을 지었고, 복잡하게 얽혀 있는 배타적 구획 정책을 통과시켰다…대다수 미국인은 나라가 저소득 가정을 위해 공공 주택을 더 많이 짓기를 바라지만, 정작 공공 주택(이나 갖가지 종류의 다세대 주택)이 자기 이웃에 들어서는 것은 원하지 않는다. 막연히 생각하면 민주당원이

공화당원보다 공공 주택을 지지할 가능성이 높지만, 주택
소유자를 놓고 보면 민주당원도 그들의 뒤뜰에서 새로운 주택
개발이 이루어지는 것을 딱히 더 반기지는 않는 것 같다…만일
여러분이 값비싸고 아름다운 집들로 이루어진 공동체를 세운
뒤, 이 공동체에 집을 더 짓는 것을 불법으로 만듦으로써
이미 있는 집들의 가치를 사정없이 올려 버리면, 여러분의
집은 아주 희소한 자원이 되어 잠재 구매자들은 탄원서를
쓰거나 여러분이 요구하는 가격보다 많은 돈을 현금으로
제안하거나 물건도 보지 않고 사겠다고 나설 수 있다. 오스틴,
시애틀, 케임브리지처럼 개인의 권리나 자유, 민주주의를
더 열렬히 옹호한다는 도시들에서 그런 행위는 다반사가
되었다. 여러분은 열렬히 현재 상태를 그대로 유지하고 싶어
한다. 만일 여러분이 공립학교 체계를 설계한다면서 주로
전문 직종에 종사하는 부모, 그러니까 자녀의 교육에 투자할
시간과 노하우가 있고 과외 교습비와 대입 지도비, 다른
주(州)를 찾아가는 수학 여행비와 상담 비용을 지불할 여유가
있는 부모의 자녀인 학생들에게 봉사하는 체계를 설계한다면,
풍요로운 교육 환경과 대학으로 이어지는 파이프라인을 만들
수 있다. (115, 117쪽)

실제로 데즈먼드는 다른 무엇보다 조 바이든이 대통령

후보 때 제시했던 메시지에 주목한다.

바이든은 대통령 후보였던 때 방에 모인 부유한 기부자들에게 그가 당선되어도 "근본적으로 달라지는 것은 아무것도 없을 것"이라고 말했다. 말하자면 그는 자유주의자들이 익히 말하던 핵심을 되풀이하고 있었다. "여러분이 설령 자신이 혜택을 받고 있는 불평등을 줄이려는 노력을 나와 함께 한다고 하더라도, 여러분은 어떤 것도 포기할 필요가 없을 것이다." 이 "모든 사람이 승자"라는 주장이 거짓말처럼 들리는 이유는 그 주장이 거짓말이라서다. (118쪽)

데즈먼드는 해결책에 대한 솔직한 평가로 마무리한다.

우리 솔직해지자. 전에 축적된 기회들을 공유하는 것이 모든 이가 이긴다는 것을 의미하지는 않는다. 그것은 이 나라의 남는 것에서 혜택을 받던 사람들이 전보다 적게 가져감으로써 다른 이들도 그 혜택을 공유할 수 있게 해야 한다는 것을 의미한다. (118쪽)

그럼에도 그는 하나의 치유책을, 그것도 '저항할 수 없을 정도로 확실하게 달성할 수 있는' 조건으로 실행할 수 있다고 주장한다.

> 나는 '재분배'를 요구하지 않는다. 나는 부자들이 내야 할 세금을 내야 한다고 요구한다. 나는 우리의 사회안전망을 재조정해야 한다고 요구한다. 나는 미국이 대중의 복지에 더 많이 투자하던 때로 돌아가야 한다고 요구한다. 나는 가난한 이에 대한 지원은 늘리고 부자에 대한 지원은 줄여야 한다고 요구한다…우리는 가난한 이에게 힘을 보태야 한다. (132, 138쪽)

어떤 이들은 그런 투자를 '사회주의'라며 무시하려고 한다. 그러나 그렇지 않다. 교회는 '사회주의'에 특별한 관심이 없다. 오히려 교회는 공동의 삶에 관심을 두며, 따라서 '공동선'을 유지하고 보호하는 데 관심을 둔다. 공동선을 이루는 데 당장 필요한 일을 지지하는 것이 교회가 해야 할 선행인데, 이 절박한 일은 다른 무엇보다도 적절한 주거, 의료 복지, 교육을 포함해 좋은 삶을 유지하는 데 없어서는 안 되는 것을 마련할 재원을 과세를 통해 조성하는 것을 의미한다. 교회가 그런 과세를 지지해야 한다고 말하는 것이 이상하게 보일지도 모르지만, 나는 교회가 '청지기직'(stewardship)에 대한 책임을 가르치는 만큼 과세를 통해 공동선을 이루는 데 필요한 재원을 조성하는 것도 책임 있는 청지기직의 일부라고 믿어 의심치 않는다. 오히려 교회는 개인의 안전, 나아가 결국 개인의 풍요를 도모하려고 보통 사람들을 황폐하게 만드는 것에 저항하는 목소리를 내야 한다.

따라서 여기서는 부를 숨겨 공동선을 이루지 못하게 하는 것과 관련된 성서의 세 가지 내러티브를 살펴보겠다.

1. 여호수아 7장에 나오는 아간의 이야기. 이 내러티브를 보면, 이스라엘은 결정적 싸움에서 지고 만다. 여호수아는 이 패배가 이스라엘의 어떤 사람이 사욕에 사로잡혀, 공동 금고에서 재물을 빼내어 감추었기 때문임을 알게 된다.

이스라엘이 죄를 범했다. 그들은 내가 명한 언약을 어겼다. 그들은 바친 물건 가운데 일부를 가져갔다. 그들은 도둑질하고 속이며, 그것을 그들 자신의 소유 가운데 두었다. (수 7:11)

이에 대한 조사가 이루어지자 아간이 죄를 자백한다.

나는 이스라엘의 하나님 주께 죄를 지은 사람입니다. 이것이 내가 한 일입니다. 나는 노략한 것 가운데 시날에서 나온 아름다운 망토와 은 이백 세겔과 무게가 오십 세겔이나 되는 금덩이를 보았습니다. 그것들을 보고 탐이 나서 가져갔습니다. (수 7:20-21)

아간의 탐심은 이 사건이 일어난 곳을 '괴로움의 골짜기'(아골 골짜기)라고 부르게 할 정도로 큰 어려움을 가져왔다(수 7:26). 공동선을 가로막는 일을 하면 언제나 '어려움'이 생긴다.

2. 초기 교회에 대해 다룬 내러티브는 공동체 사람들이 "모든 물건을 공동으로" 소유했다고 보고한다(행 2:44). 그들은 "즐겁고 후한 마음을 품고" 살았다(행 2:46). 뒤이어 나오는 본문을 보면, 구브로 사람 요셉이 자기 소유의 밭을 판 뒤 그 돈을 가져와 사도들의 발 앞에 놓았다(행 4:37).

이어서 우리는 곧바로 그 공동체의 지체인 아나니아와 삽비라 이야기를 만난다. 이들은 재산을 팔아 교회에 귀속시켜야 할 돈 일부를 감추었다(행 5:1-11). 얼마 뒤 두 사람은 '하나님께 한 거짓말' 때문에 죽는다. 공동선을 가로막는 일을 했기 때문이다.

3. 누가복음 16장 19-31절의 비유를 보면, 이름 없는 한

'부자'와 나사로라는 '가난한 사람'이 등장한다. 이 비유는 두 사람의 운명에 대해 이야기한다. 부자는 고통의 자리로 가고, 가난한 사람은 아버지 아브라함의 품에 안긴다. 이 비유는 별도의 평가 없이 끝난다. 그러나 공동선을 세우는 투자이든 그것을 가로막는 일이든, 그 행위는 행한 자의 미래를 스스로 규정한다. 그러므로 우리의 자원은 공동체를 염두에 두고 관리되어야 하며, 이것이 하나님의 통치에서 중요한 사안이다

마지막으로 소탈한 해석을 제시해 본다. 내가 한때 몸담았던 회중은 지체들이 평소 먹는 음식을 가져와 공동 식탁에서 함께 나누는 저녁 식사 모임을 정기적으로 열었다. 나이 많은 한 부부(꽤 부자였다)가 특별한 디저트를 꾸준히 가져왔다. 그들은 그 디저트를 공동 식탁에 내놓지 않고, 그들이 특별히 택한 친구들만을 위해 차린 식탁에만 내놓으려고 감추었다. 이런 '감춤'이 어떤 특별한 결과를 낳았다는 보고는 존재하지 않지만, 그것은 우리에게 당혹감을 안겨준다. 되풀이되는 이 에피소드는 고린도전서 11장 17-22절의 주의 만찬을 둘러싼 작은 위기를 떠올리게 한다. 사람들이 공동선을 내버리고 자기 것만 챙김으로써 아주 많은 것이 위험에 처해 있다. 이런 문제는 많이 소유한 우리가 과부와

고아와 이민자를 포함한 모든 이를 위해 공동선을 찾는 일을 우리의 의무로 여길 때 비로소 해결될 것이다. 공중[공익]을 챙기는 삶에는 비용이 들어가지만, 그런 삶이 없으면 우리는 살아갈 수 없다. 사유화[민영화]는 우리가 공동으로 안녕을 누리는 데 필요한 것을 제공하지 않는다.

5장

분리에 따른 부족

내가 데즈먼드를 다섯 번째로 참조한 것은 그가 『미국이 만든 가난』 9장에서 '부족'(scarcity)을 자세히 설명한 내용과 관련된다. 그는 이런 의문을 제시한다.

우리는 왜 계속하여 부족을 주어진 것으로 받아들이면서,

그것을 우리 경제, 정책 결정, 도시 계획 그리고 개인 윤리를

형성하는 중심 원리로 여길까? (175쪽)

데즈먼드는 그가 '부족으로 눈길 돌리기'(the scarcity diversion)라 이름 붙인 것에 대한 명쾌한 설명을 제시한다. '부족으로 눈길 돌리기'는 현실 문제의 해결에서 눈길을 돌려 부족에 초점을 맞추는 것이다.

여기서 각본을 제시해 본다. 첫째, 엘리트들이 돈이나 땅 같은

자원을 축적하게 허용한다. 둘째, 그렇게 하는 것이 자연스럽고 피할 수 없는 일인 것처럼 가장한다. 아니면 그런 일을 통째 무시하는 것이 더 낫다. 셋째, 자원 축적으로 발생한 사회 문제를 남아 있는 부족한 자원만으로 해결하려고 시도한다. 따라서 가령 부자들에게 정당한 세금을 모두 납부하게 하기보다, 그들이 세금을 회피한 뒤 남은 보잘것없는 예산으로 복지국가를 설계하려 한다. 넷째, 실패해 보라. 빈곤 비율을 떨어뜨리는 데 실패해 보라. 더 값싼(더 많은 사람들이 구입할 수 있는) 주택을 짓는 데 실패하라. 다섯째, 이것이 여러분이 할 수 있는 최선이라고 주장하라. 여러분이 의견을 낼 때는 첫머리에 "자원이 부족한 세계에서는…"이라는 말을 붙이라. 정부 프로그램을 비난하라. 자본주의를 비난하라. 다른 정당을 비난하라. 이민자들을 비난하라. 여러분이 비난할 수 있는 사람이면 누구든 비난하되, 가장 비난받아야 할 사람들은 쏙 빼라. 이런 가장(pretense)을 '가스라이팅'(gaslighting)이라고 표현해도 결코 지나치지 않다. (174-175쪽)

이 각본의 속임수는 두 번째 요소에 있다. 즉 '부족'을 '자연스럽고' '피할 수 없는' 것으로 다루는 것이다. 일단 부족을 사회경제적 현실로 받아들이면, "어쨌든 모든 사람에게 두루 돌아갈 것이 충분하지 않기" 때문에 문제를 효과적으로 해결하려는 의지와 행동이 없어지는 결과가 뒤따를 수밖에 없다.

데즈먼드는 '부족'을 사회경제적 현실로 받아들이는 것에 대한 반응을 '분리'(segregation)라고 말하는데, 이는 무언가에 접근할 권리가 있는 사람들을 그 무언가에 접근을 거부당한 사람들과 갈라놓는 장벽을 세우는 것을 가리킨다. 결국 부족에 대한 두려움은 가진 자와 가지지 못한 자를 갈라놓고 차별하는 효과를 낳도록 설계하는 정책들로 이어진다.

분리는 다양한 형태를 띨 수 있다. 인종 차별도 그 한 형태다. 가령 우리 사회의 비백인들은 좋은 학교, 좋은 집, 좋은 직장에 접근할 기회를 체계적이고 지속적으로 거부당해 왔다. 그런 학교, 집, 일자리는 거기에 접근할 수 있는 '정당한' 자격을 가진 이들의 몫으로 남겨 두어야 하기 때문이다. 예를 들면, 미국 정부는 2차 세계 대전에 참전한 흑인들에게 전역 군인에 대한 교육 보조금 지원을 줄기차게 거부했다. 시간이 흐르며 미국은 인종 차별 국가라는 정체성에 따른 계층 구분과 복잡한 난제들을 해결하느라 시련을 많이 겪었다. 아울러 '소득 분리'(income segregation)도 있을 수 있다. 부유한 이들을 보호할 목적으로 학군을 나누고, 토지 구획 조례를 정할 때 특권을 누리는 자들은 자신들끼리만 이웃이 되도록 힘을 행사하고, 도로를 건설할 때도 사람들이 덜 선호하는 지역 공동체를 가로지르게 하는 것이 소득 분리의 결과물이다.

> 현상 유지를 지지하는 자들, 이런 분리주의를 지지하는 자산가 계층은 그 벽을 지키는 지루한 일을 기꺼이 행하려는 의지를 보여 왔다. 그들은 더 많은 주택을 공급하는 정책을 지연시키고 폐기하는 쪽으로 노력해 왔다. 지역 공무원들은 그들에게 들리는 목소리에만 반응하곤 하기 때문이다. (169쪽)

데즈먼드는 "이 나라의 풍요함을 인정하는 것"이 분리를 정당화하는 부족 이데올로기에 맞서 보여야 할 반응이며, 그런 반응이 합리적이고 필요한 것임을 올바로 인식한다.

> 생태학자 로빈 월 키머러(Robin Wall Kimmerer)는 근래 '풍요의 경제'(an economy of abundance)를 주장했다. 하나의 시각이자 입법 토대이며 시각과 정책 설계의 변화를 가리키는 말로 풍요를 택했다는 것은, 이 나라가 풍부한 자원을(모든 사람에게 두루 돌아갈 정도로 충분한 땅과 자본을) 갖고 있으며 그렇지 않은 것처럼 가장하는 것은 어리석다고 인정하는

것을 의미한다. 키머러는 이렇게 말한다. "나는 부가 모두에게 골고루 나눠질 만큼 충분히 주어지는 체계의 일원이 되고 싶다. 또한 내 가족의 필요를 채우는 만족이 다른 이들의 가능성을 파괴하지 않는 체계 속에서 살고 싶다."…우리는 E. P. 톰슨(Edward Palmer Thompson)이 보여주었듯이, 가뭄이 들고 기근이 생겼을 때도 "다른 이들의 자원으로 잇속을 챙기는" 것을 부도덕하고 심지어 자연의 순리에 어긋나는 일이라 여기며, "(필요한 것을) 공급해 주는 도덕 경제"를 지지하던 때가 있었음을 잊었는가? (175쪽)

'부족'과 '풍요'는 단순히 경제 현실에 붙은 이름표가 아니라는 사실이 드러난다. 오히려 그것은 렌즈다. 우리는 그 렌즈를 통해 우리의 경제나 이 세상에서 우리가 살아가는 방식을 규정하는 사회경제 현실을 경험한다. 나는 이 문제를 「크리스천 센추리」(1999년 3월 24-31일 자)에 "풍요의 전례와 부족의 신화"(The Liturgy of Abundance and the Myth of Scarcity)라는 제목으로 기고한 글에서 분명히 밝혔다. 나는 그 글에서 풍요라는 렌즈를 충실히 받아들인 공동체가 계속해서 그리고 아무 제한 없이 펼치는, 대중적 상상력이 담긴 행동을 가리키는 말로 '전례'를 사용했다. 그런 삶의 세계에서는 바로 그 렌즈를 통해 구성원들이 풍요로운 현실을 살아갈 수 있었다. 고대 이스라엘에서는 창조 내러티브가 그런 '풍요의 전례'를 들려주었고, 시편에 들어 있는 위대한 송영들은 창조주 하나님이 풍요의 근원이심을 강조했다. 반대로 '부족의 신화'는 힘 있고 부유한 자들이 피조 세계에 존재하는 삶의 자원을 축적하고 독점하는 것을 정당화할 목적으로 만들어 낸 가짜 렌즈였다. '풍요'와 '부족'을 나란히 제시한 성서 본문을 보면, '풍요'는 하나님의 현존에 기초한 진리로 받아들여지지만, '부족'은 풍요를 가져다주시는 하나님의 현존과 모순되는 거짓 주장이다. 성서를 보면 하나님을 대변하는 주장에 따라 저울추가 '참'으로 기울거나 '거짓'으로 기운다. 하나님을 근거로 내세우지 않는 다른 맥락에서는 그 문제에 대해 다른 판결이 내려질 수 있다. 따라서 우리는 풍요와 부족의 대비를 성서에 합당한 믿음과 관련된 주요 문제로 볼 수 있다. 이스라엘의 내러티브적 상상 속에서 파라오는 부족 이데올로기를 가장 강력히 지지하는 인물로 등장한다. 파라오가 기근 때 보인 반응은 자신의 곡물 독점권을 확고히 다짐으로써, 힘없는 농부들을 상대로 지나치게 권력을 행사한 것이다. 그 결과 이집트에 있던 히브리 노예들은 파라오가 독점한 곡물을 보관할 '창고 도시들'[국고성]을 건설하는 데 투입되었다(출 1:11). 제임스 스콧(James Campbell Scott)이 쓴 『곡물에 맞서: 초기 국가들의 깊은 역사(*Against the Grain: A Deep History of the Earliest States*)』는 곡물이 저장 가능한 식량 상품으로 '발견'되었다는 사실에 주목한다. 곡물은 위기 때 경제를 좌우할 수 있는 힘의 도구로 축적되고 활용되었다. 이런 특성 덕분에 초창기 왕국과 제국이 세워질 수 있었음을 이 책은 보여준다(창 47:13-26을 보라). 파라오의 정책은 '부족'을 내세우는 목소리를 키우는 데 이바지했다. 성서 본문이 말하는 이런 관습에 힘을 실어 준 이가 바로 파라오다.

> 이집트 사람들은 히브리 사람들과 함께 먹을 수 없었으니, 이는 이집트 사람들이 함께 먹기를 역겨워하기 때문이었다. (창 43:32)

파라오가 이집트의 모든 식당에 "우리에게는 어떤 히브리인에게도 음식을 제공하지 않을 권리가 있습니다"라는 표지판을 세웠다고 상상해도 되겠다. 이처럼 분리는 경제적 착취와 함께 붙어 다닌다. 모든 이에게 충분히 돌아갈 만한 곡물이 없었다. 이 때문에 약자들은 파라오에게 의지하여 목숨을 부지해야 했다. 성서 내러티브에 등장하는 파라오는 축재의 모델이며, 파라오의 의붓자식이라 할 솔로몬이 그 아비와 똑같은 축적과 독점을 저질렀다고 보는 것이 타당하다(왕상 10장). 이런 문제를 가장 설득력 있게 드러내 주는 것이 바로 예수가 풍작을 거둔 '부자' 비유를 통해 제시하신 가르침이다.

> 어느 부자의 밭이 풍성한 소출을 냈다. 그러자 그는 속으로 생각했다. '내 곡식을 쌓아 둘 곳이 없는데 어찌해야 하나?' 뒤이어 그는 이렇게 결심했다. '내 곳간을 헐고 더 큰 곳간을 지어야겠다. 거기에 내 모든 곡물과 재물을 쌓아 두어야겠다.' (눅 12:16-18)

이 비유 속의 부자는 파라오나 솔로몬과 마찬가지로, 축적과 독점을 통해 자신의 안전을 확보할 수 있다고 생각했다. 특정 집단이나 계층에 대한 차별 대우와 그들만의 이익을 보호하려는 구역 구획은 분리 장벽을 만든다. 이 장벽은 부자들이 풍요를 누리고, 그들의 금수저 자녀에게 안전한 미래를 보장하는 환경을 조성·확보해 주는 것을 목표로 삼는다. 그러나 창조주 하나님이 통치하시는 세계에서는 그런 축적과 독점이 지속되지 못한다는 것이, 출애굽기 내러티브에서 시작된 성서적 신앙의 일관된 주장이다. 축적과 독점으로는 두려움과 위협을 넘어서는 세상을 만들 수 없다.

고대 이스라엘에 관한 내러티브 중 광야 내러티브는 생명을 파괴하는 파라오의 독점에 대한 저항이라는 주제를 다룬다. 광야는 실제로 파라오의 통치가 미치지 않았던 지역이다. 사실 사람들은 자신에게 먹을 것을 공급해 주는 이가 파라오라고 생각했으며, 심지어 히브리 노예들도 그렇게 생각했다. 히브리 노예들이 광야로 들어갔다는 것은 곧 먹을 것을 구하기가 극도로 어려운 환경에 들어섰음을 의미했다. 본문이 그리는 이스라엘의 광야 여정 두 번째 장면에서도, 그들은 먹을 것에 대한 걱정에 시달리고 있었다.

이스라엘 온 회중이 광야에서 모세와 아론에게 불평했다. 이스라엘 백성이 그들에게 말하니, "우리가 이집트 땅에서 주의 손에 죽었더라면 좋았으리라. 그때는 우리가 고기 냄비 옆에 앉아 있었고 빵을 배불리 먹었는데, 이제는 당신들이 우리를 이 광야로 데려와 온 회중을 굶겨 죽이는도다." (출 16:2-3)

그들이 부닥친 새로운 상황은 맹렬한 갈등과 불평과 싸움을 불러일으켰다. 하지만 출애굽기 16장에서 이어지는 내용은 세계사에서 손꼽히는 위대한 양식(糧食) 에피소드 가운데 하나다. 먹을 것이라곤 곡식 한 톨도 없을 것 같은 광야에서, 이스라엘은 예상치 못한 '경이로운 빵'을 받게 된다.

그러나 그 일이 어떻게 가능했는지는 끝내 설명할 수 없다.

> 저녁에는 메추라기가 와서 진을 덮고, 아침에는 진 주위에
> 이슬이 내렸다. 이슬이 마르면 광야 지면에 미세하고 얇은 조각
> 같은 물질이 있었는데, 땅에 내린 서리처럼 보였다. 이스라엘
> 사람들이 그것을 보고 서로 "저게 뭐지?"라고 물었다. 모세가
> 그들에게 말했다. "그것은 주께서 너희에게 먹으라고 주신
> 빵이다." (출 16:13-15)

그들은 자신들이 설명할 수 없는 고기와 빵을 받았다. 더욱이 다음 장을 보면 '물이 없는' 곳이었던 광야가 물이 있는 곳으로 바뀌는, 도무지 설명할 수 없는 일이 일어난다(출 17:1-7). 성서가 이집트와 광야를 각각 사람을 집어삼키는 독점의 장소와 설명할 수 없는 관대함(관대하게 베풂)의 장소로 나란히 대비해 놓은 것은 매우 흥미진진하고 드라마틱하다. 이 내러티브가 펼쳐지면서 결국 이스라엘은 파라오가 지탱하는 부족 이데올로기와 창조주 하나님이 주신 풍요 사이에서 선택할 것을 요구받는다. 부족이 우리 공동의 삶을 아주 많이 지배하고 있다고 보는 데즈먼드의 분석과, 그 지배에 맞서는 행동을 설득력 있게 촉구한 대목도 다르지 않다.

사회안전망을 다시 조정하여 바닥을 들어 올리고, 착취를 제어하여 가난한 이에게 힘을 실어 주며, 분리에서 돌아섬으로써 폭넓은(더 많은 사람이 함께 누리는) 번영에 투자하자. 그것이 우리가 미국에서 가난을 끝내는 길이다. (176쪽)

시편에 담긴 풍요를 노래하는 위대한 전례와 송영은 풍요에 대한 고대 이스라엘의 확신을 끊임없이 되새긴다. 그 송영을 큰 소리로, 아무 제약 없이 부르는 행위 자체가 부족이라는 두려운 이데올로기를 거부하고, 나눔과 너그러움이 지배하는 세상을 선취하는 '풍요의 실천'이 된다.

당신은 가축을 위해 풀이 자라게 하시고,
사람이 쓸 채소를 자라게 하시며,
땅에서 양식이 나게 하시고,
포도주로 사람 마음을 즐겁게 하시며,
기름으로 사람 얼굴을 빛나게 하시고,
빵으로 사람 마음을 강하게 하십니다. (시 104:14-15)

송영은 광야에서 일어난 경이로운 사건을 분명하게 되풀이한다.

그들이 구하니, 그가 메추라기를 가져오셨으며,

그가 그들에게 하늘에서 양식을 가득 주셨다.

그가 바위를 여시니, 물이 솟구쳐 나왔으며,

물이 강처럼 사막을 가로질러 흘렀다. (시 105:40-41)

이스라엘은 이 특별한 사건을 일반화하여 이렇게 노래

한다.

그는 강을 사막으로 바꾸시고

샘을 메마른 땅으로 바꾸시며,

그 주민들의 악함 때문에

비옥한 땅을 소금기 어린 황무지로 바꾸신다.

그는 사막을 연못으로 바꾸시고

메마른 땅을 샘으로 바꾸신다.

그가 주린 이들로 거기 살게 하시니

그들이 살 고을을 세우며,

그들이 밭을 갈고 포도밭을 일구어

풍성한 열매를 거두도다. (시 107:33-37)

당신이 그 땅을 찾아 물을 대시고

그 땅을 크게 기름지게 하시니

하나님의 땅에 물이 가득하며,

당신이 백성에게 곡식을 주시니

이는 당신이 그곳을 그렇게 준비하셨기 때문이라.

당신이 그 고랑에 물을 풍부히 대시고

그 이랑을 평평히 하시며,

그곳을 소나기로 부드럽게 하시고

그곳에서 곡식이 자라게 복을 주시나이다.

당신은 당신의 풍요로 그해에 관을 씌우시고,

당신 마차가 다니는 길에 풍요가 넘치니

들의 풀밭에도 넘치나이다.

언덕들은 기쁨으로 띠를 띠었고

풀밭은 양 떼로 옷 입었으며

골짜기는 곡식으로 덮였으니

그것들이 즐거워 다 함께 외치고 노래하나이다. (시 65:9-13)

이스라엘은 이런 풍요 때문에 하나님께 감사하며 그분을 경외하게 된다.

모든 사람의 눈이 당신을 바라보며,

당신은 계절마다 그에 맞는 양식을 그들에게 주시나이다.

당신은 당신 손을 펴서,

모든 생명의 바람을 채워 주시나이다. (시 145:15-16)

복되도다. 야곱의 하나님이 도움인 이들은,

그들의 하나님 주가 소망인 이들은.

그는 하늘과 땅,

바다와 그 안에 있는 모든 것을 지으셨고

믿음을 영원히 지키시며,

억눌린 이를 위해 정의를 행하시고

굶주린 이에게 양식을 주신다. (시 146:5-7)

그는 들짐승과 우는 까마귀 새끼에게

먹을 것을 주신다.

그는 말이 힘이 세다고 기뻐하시지 않고,

달리는 이가 빠르다 하여 기뻐하시지 않는다.

주는 그를 두려워하는 이와

그의 견고한 사랑에 소망을 두는 이를 즐거워하신다···

그가 네 지경 안에 평화를 주시고,

그가 가장 좋은 밀로 너를 채워 주신다. (시 147:9-14)

이스라엘의 경외와 찬미는 넘쳐흘러 더 이상 조목조목 표현할 필요가 없으며, 삶 전체가 찬미로 하나님께 바쳐지는 송영의 경이로움 속에 스며든다. 이런 송영 전통은 안전(safety) 속에 남아 있을 수 없고, 남아 있지도 않을 것이다. 도리어 이 전통은 자기 몫이 필요한 사람은 누구도 배제하지 않는 관대함(generosity)으로 표현될 것이다.

하나님이 풍요를 주신다는 증언은 예수의 삶 속에서 그리고 그의 삶을 통해 확장되는데, 이를 보여주는 것이 예수의 양식(糧食) 내러티브다. 이스라엘이 그랬듯이 예수 그리고 그와 함께 있는 군중도 광야 어딘가에 있다(막 6:32). 이스라엘처럼 이 군중도 굶주렸다. "불평하는 이스라엘" 이야기 속의 하나님처럼 예수도 굶주린 군중을 보시고 도저히 설명할 수 없는 방식으로 그들에게 양식을 베푸신다(막 6:41-44). 예수의 이 경이로운 행동은 로마와 공식 유대교가 제공하는 모든 안전보장 체계를 거부한다. 이 내러티브에서 예수는, 광야의 하나님처럼 부족이라는 신화가 사실은 착취적인 독점 체제를 지키기 위해 만든 책략임을 폭로하신다.

이스라엘은 큰 두려움에 사로잡혀 '분리'하려고 최선을 다했다. 시간이 흐르는 사이, 이스라엘 종교 지도자들은 안에 있을 사람과 밖으로 몰아낼 사람, 삶에서 가치 있고 좋은 것을 누릴 수 있는 자와 그럴 자격이 없는 자를 가려내고자 '정결함과 부정함'(clean and unclean)에 관한 규칙과 범주를 만들어 냈다. 레위기의 성결법(Holiness Code)과 신명기 14장의 목록이 일러 주듯이, 배제를 규율한 법은 한없이 세세하고 정교하게 만들어져 왔으며, 나중에 미국 역사가 인종을 식별하려고 복잡하게 만들어 낸 법들은 배제의 정교화 작업을 되풀이했다.

고대 이스라엘에서 규칙에 기반한 배제(대개 권력 있고 부유한 자들이 만든 규칙)는 늘 도전에 직면했다. 신명기 전승은 '성결'을 정의할 때 자격이 아니라 필요를 기준으로 삼는 정의(civic justice)에 주목하며, 토라와 그 수사 전통은 이런 대항 주제를 발전시켰다. 이 흐름은 이사야 56장에서 절정에 이르며, 예언자는 성전을 '지성소', '성소', '바깥 뜰'로 구분해 배제하는 규칙(왕상 6장 참조)에 맞서 이를 강조한다.

> 내가 이들을[외인들과 고자들을] 내 거룩한 산으로 인도하여
>
> 내 기도하는 집에서 기뻐하게 할 것이요,
>
> 그들의 번제와 그들의 희생 제물이
>
> 내 제단에서 받아들여지리니,
>
> 이는 내 집이 만민에게(만민을 위해) 기도하는 집이라 불릴
>
> 것이기 때문이다. (사 56:7)

초대와 환영의 대상에 '외인들'(3절)과 '고자들'(4절)이 포함된다. 외인과 고자를 언급한 것은, 이들을 배제하는 신

명기 23장 1-8절의 규정에 정면으로 맞서고 이를 반박하려는 의도라는 해석이 있다. 본문이 말하는 "고환이 상한 자들"과 외인에 관한 규정은 두려움에 기반한 배제의 법일 뿐, 하나님의 넘치는 포용에는 포함되지도 포함될 수도 없다는 것이 이사야 예언자의 의도다. 두려움에서 비롯된 배제와 하나님의 관대한 포용 사이의 모순은 끊임없이 되풀이된다. 오늘 우리는 유색 인종, 이민자 등과 같이 지배 계층에 속하지 않는 사람들을 배제해야 한다는 목소리가 다시금 높아지는 현실에 직면해 있다.

배제와 반대로 이스라엘의 고대 언약과 예수 운동이 강조한 것은 포용이다. 즉 예수는 나병 환자, 여성, 외인, 이방인은 물론, '부정한' 자와 관련된 모든 사회 장벽을 무너뜨리셨다. 결국 예수 운동은 다음을 증명하게 된다.

이는 그가 우리의 평화이시기 때문이니, 그는 그의 육으로

유대 사람과 이방 사람을 하나로 만드셨고 둘을 갈라놓는

벽을, 곧 우리 사이에 있는 적대감을 무너뜨리셨다. 그는

계명과 법령으로 된 율법을 폐하셨으니, 이는 그가 자신

안에서 둘을 대신할 하나의 새 인류를 만들어 평화를 이루시고,

십자가를 통해 둘을 한 몸으로서 하나님과 화해하게 하심으로

그 적대감을 소멸하려 하시기 때문이다. 이 때문에 그는

오셔서 멀리 있는 너희에게 평화를 선포하셨고 가까이 있는 이들에게도 평화를 선포하셨으니, 이는 그를 통해 우리 둘이 한 영(성령) 안에서 아버지께 다가갈 수 있게 하려 함이다. 그러므로 너희는 더 이상 외인도 아니요 나그네도 아니다. 도리어 너희는 성도와 함께 있는 시민이요 하나님 집의 지체들이니, 사도들과 예언자들이라는 기초 위에 세워진 이들이며, 그리스도 예수가 몸소 그 모퉁잇돌이 되셨다. 그 안에서 건물 전체가 서로 연결되어 하나의 성전이 되어 가며, 그 안에서 너희도 영적으로 하나님이 거하실 곳으로 지어져 간다. (엡 2:14-22)

그 벽을 무너뜨리고 유대인과 이방인을 갈라놓은 틈을 잇는 가교를 놓은 것은 인류 역사에서 완전히 새로운 가능성을 상징하며, 이런 가능성은 안에 있는 이와 밖에 있는 이 사이의 다른 모든 화해에서 되울려 퍼진다.

데즈먼드는 배제에 기초한 옛 체제에 도전해야 하고 도전할 수 있으며, 그 체제를 극복해야 하고 극복할 수 있다고 확고히 주장한다. 우리 경제의 진리인 풍요에 다가갈 수 있으려면 특권과 배제라는 벽을 무너뜨려야 한다. 그리하여 그는 '가난 철폐'를 제안한다. 그는 정치적 현실주의자다. 그는 그런 결과가 단순한 바람일 수 없으며, 조직적이고 지속적인 결단과 행동이 필요하다고 이해한다.

가난이라는 재앙을 몰아낸 모든 거대한 힘 뒤에는 함께 뭉쳐 비범한 일을 이룬 평범한 미국인들이 있었다. 여러 사회 운동은 일단의 사상을 불러일으키며 개혁을 위한 청사진을 제공했는데, 이는 마치 뉴딜보다 수십 년이나 앞서 19세기 말에 실업 노동자들의 운동이 공공 노동 프로그램을 요구했던 것과 같다…미국의 가난은 대중 운동이 가난을 철폐해야 한다고 요구할 때 비로소 철폐될 것이다. 지금 그 운동이 일어나고 있다. 미국 노동계가 다시 한번 움직이고 있다. 날이 갈수록 목소리가 커지고 활기를 얻고 있으며, 한때는 손도 대지 못할 것 같던 일터에 노동조합을 세우고 있다. 주거 정의를 실현하기 위한 새로운 운동이 힘을 얻고 있다. 세입자들의 힘이 되살아나자, 그들은 퇴거를 막기 위해 장벽을 세우고 주택 법원 입구에 몸을 묶은 채 쫓아내려는 폭력에 그들 자신의 힘으로 맞섰다. 가난한 사람들의 운동(Poor People's Campaign)[16]은 미국 전역의 저소득층에게 목소리를 주었다. 그 목소리는 "풍요 속에 부족이 존재한다"는 거짓말에 맞서며,

16 1968년 5월부터 6월까지 미국에서 펼쳐진 민권 운동.

교육 평등과 공공주택 재투자 등의 변화를 촉진하고 있다. 노동조합, 세입자 조합, 인종 정의·경제 정의 운동 등 서로 다른 깃발을 들고 행진하지만, 모두가 "미국에서 가난을 끝내자"는 한 대의(大義)에 헌신하고 있다. (183-185쪽)

데즈먼드는 조직된 노동계가 뉴딜을 위한 숙제를 해냈고, 민권 운동이 린든 존슨 시대 의회에서 위대한 법들의 제정을 이끌어 냈다고 본다. 그는 이렇게 말한다. "운동에는 행진할 사람이 필요하다"(186쪽). 행진하는 이들은 풍요의 꿈을 품은 이들이며, 이웃 사랑이 다시 살아나리라는 소망을 품은 이들이며, 기꺼이 관대함을 보이려는 이들이다. 데즈먼드가 그의 책 마지막에서 가난한 사람들의 운동과 윌리엄 바버(William J. Barber II)[17]의 리더십을 언급한 것은 놀라운 일이 아니다. 사람들의 마음을 움직이는 에너지는 신학에 뿌리를 두고 있을 가능성이 아주 높다. 모세 운동과 예수 운동은 다름 아닌 창조주 하나님이 넘치도록 관대하신 분이라는 확신에 기초하고 있었다고 생각해도 될 것이다.

풍요를 말하는 내러티브를 끝없이 강조하는 것, 풍요의 전례를 끈기 있게 되풀이하는 것, 그런 내러티브와 전례가

---

17 미국 개신교 목사이며 가난한 사람들의 운동 공동 대표.

모두 이 세상에서 지금과 다른 방식(삶의 방식)을 어떻게 허용하고 요구하는지 해석해 내는 것이, 무엇보다 교회가 해야 할 선한 일이다. 이 내러티브와 전례가 이 세상에서 요구하는 다른 삶의 방식, '더 훌륭한' 방식은 배제를 위해 세워 놓은 모든 벽을 허물려고 한다. 그러려면 우리를 둘러싸고 괴롭히는 부족에 대한 그럴듯한 두려움을 과감히 깨뜨려야 한다.

우리는 먼저 공동체 안의 다양한 양상을 살펴야 한다. 배제를 위해 분류하고 조직하는 목록과 범주가 있고, 또한 자기포기를 찬미하는 송영이 있다. 그러나 송영은 내부와 외부를 가르는 모든 분류를 꾸준히 관통하고 극복한다. 사람들이 예수가 죄인들과 함께한 것을 두고 분개한 것도 놀랍지 않다(마 9:10-13, 막 2:13-17, 눅 7:27-32). 예수는 오래 지속된 배제의 관습을 의도적으로 깨뜨리셨고, 사도는 이를 기록하며 깊이 감탄하고 압도당했다.

> 더 이상 유대인도 그리스인도 없고
>
> 더 이상 노예도 자유인도 없으며
>
> 더 이상 남자도 여자도 없으니,
>
> 이는 너희 모두가 그리스도 예수 안에서 하나이기 때문이다.
>
> (갈 3:28)

성전 휘장이 "위에서 아래로" 찢어졌을 때, 그리고 그
들이 그가 누구이신지 알게 되었을 때, 그들이 경외심에 사
로잡힌 것은 놀라운 일이 아니다(마 27:45-54, 막 15:38-39, 눅
23:44-49). 결코 놀라운 일이 아니다!

6장

포기

데즈먼드의 글에서 여섯 번째로 참조한 것은 우리 사회에서 가난을 뿌리 뽑으려면 특권을 누리는 이들이 소중히 여기는 몇 가지를 포기해야 한다는 인식과 관련된다. 그는 이 대담한 책에서도 가장 대담하다고 할 수 있는 곳에 이렇게 써 놓았다.

> 결국 분리를 끝내려면 부유한 자들이 몇 가지를 포기해야겠지만, 우리는 그 대가로 더 가치 있는 것을 얻을 것이다. 우리는 기회와 공공의 안전을 축적하는 방식을 포기해야 한다. 그렇게 하면, 우리가 배제와 가난의 재생산에 참여하며 느끼던 부끄러움도 포기하게 될 것이다. 우리는 그 벽 뒤에서 삶에 안락과 익숙함을 가져다주던 몇 가지를 포기해야 할 것이고, 그곳과 그곳에서 우리가 맡은 역할에 관하여 우리 자신에게 들려주던 이야기들도 포기해야겠지만, 동시에

상류층의 삶을 특징지었고, 볼드윈(James Arthur Baldwin)[18]의 말처럼 우리 자신이 더 높은 꿈, 더 큰 특권을 추구하게 만들었던 고독과 공허한 물질주의도 포기하게 될 것이다. (176-177쪽, 강조는 저자의 것)

데즈먼드는 가난을 철폐해야 한다고 주장하며, 가난 철폐는 실현 가능한 일이라고 믿는다. 그러나 그는 낭만주의자가 아니다. 그는 바람과 선한 의도가 있더라도, 기민한 사회 비판과 사회의 힘을 움직일 전략이 없으면 결코 멀리 나아가지 못할 것이라고 확신한다. 그는 가난을 철폐하려면 재산과 특권을 누리는 계층이 어느 정도 양보해야 한다고 본다. 그래서인지 '포기하라'는 명령이 그의 핵심 주장을 담은 문단을 지배한다. 상류층이 그들이 가진 지렛대, 곧 가난한 하위 계층을 만들어 내고 유지하는 데 도움을 주었던 지렛대 가운데 일부를 포기해야 한다. 동시에 데즈먼드는 '포기'가 단순히 양보는 아니라고 본다. 포기는 잃음과 얻음을 모두 내포하고 있다. 즉 '포기'하는 사람은 그와 동시에 얻는다. '포기하라'는 요구는 다음과 관련된다.

18 아프리카계 미국인 작가이자 민권 운동가.

- 우리가 기회를 축적하는 방식
- 우리가 우리 자신을 위해 공공 안전을 축적하는 방식
- 그 벽 뒤에서 삶에 안락과 익숙함을 가져다주던 것들
- 그곳과 그곳에서 우리가 맡은 역할에 관하여 우리 자신에게 들려주던 이야기들, 그중에서도 특히 성공과 자족에 관한 이야기

그러나 데즈먼드는 우리가 양보와 더불어 다음과 같은 일도 동시에 할 수 있으리라고 본다.

- 우리가 가난과 배제의 재생산에 참여하며 느끼던 부끄러움을 포기하는 일
- 우리를 고립시키는 돈과 함께 따라오는 고독을 포기하는 일
- 공허한 물질주의를 포기하는 일

이는 분명 우리를 '행복 추구' 쪽으로 확실하게 옮겨 줄 만한 절충안이다.

이어서 데즈먼드는 '포기'라는 문제를 그 자신의 삶으

로 가까이 가져간다. 그와 그의 아내는 위스콘신주 밀워키[19]의 한 동네에서 계속 살았다. "여러 인종, 여러 소득 계층 사람들이 섞여 있던" 그 지역에는 공동 정원을 중심으로 조직된 진정한 공동체가 있었다. 눈이 내리면 이웃들은 저마다 인도를 쓸었다. 그 뒤에 데즈먼드 부부는 부유한 동네로 이사했지만, 그곳 사람들은 이웃을 전혀 돕지 않았다. 데즈먼드는 만약 자신이 그 새 동네에서 살았다면 값비싼 대가를 치러야 했을 것이라고 말한다.

> 지역 공동체에 대한 사랑과 서로 알고 지켜 준다는 유대감을 버리고, 그것을 부의 아노미로 바꿔야 했을 것이다. 그것은 우리에게 나쁜 거래였다. (178쪽)

나는 데즈먼드가 '포기'를(포기를 통해 얻는 것과 잃는 것을) 강조한 것을 보고, 예수와 예수께 '영생'에 관하여 물은 사람의 만남을 다룬 내러티브(막 10:17-31)를 깊이 생각했다. 예수는 그 사람의 질문에 두 가지 대답을 제시하신다. 첫 번째 대답은 그가 토라의 계명에 순종해야 한다는 것이다.

---

19 데즈먼드 자신은 여기서 말하는 일을 위스콘신주 매디슨(Madison)에서 겪었다고 말한다. 브루그만이 매디슨을 밀워키로 잘못 적어 놓은 것 같다.

너는 이런 계명들을 알고 있다. "살인하지 말라, 간음하지 말라, 도둑질하지 말라, 거짓 증언 하지 말라, 속여 빼앗지 말라, 네 부모를 공경하라." (막 10:19)

그 사람은 자신이 그 계명들을 다 지켰다고 말한다. 그러나 뒤이어 예수는 또 다른 답을 제시하신다.

네게 하나 없는 것이 있으니, 가서 네 소유를 팔아 그 돈을 가난한 이에게 주라. 그러면 네가 하늘에 보화를 쌓으리라. 그런 다음 와서 나를 따르라. (막 10:21)

예수는 그 사람에게 '따르라'고, 자신이 온몸으로 구현하고 시작하신 새 체제를 따라 걸어가라고 명령하신다. 그 새 체제는 변화된 이웃 사랑을 구현하는 체제다. 이 새로운 공동체에 참여하려면 옛 체제의 공통 통화인 부와 권력과 영향력이라는 짐을 벗어 버려야 한다. 그렇기에 예수는 명령하신다.

가서, 팔고, 주고, 와서, 따르라!

다 벗어 버려라! 세상 사람들이 말하는 성공의 표지들

을 다 버려라! 세상에서 갖고 있는 지위를 포기하라! 그렇게 해야 지위가 아무것도 아니며 아무 쓸모도 없는 대안 공동체에 참여할 수 있다. 예수와 그 사람의 만남이 다음의 간결한 보고로 끝나는 것은 놀라운 일이 아니다.

그 사람은 충격을 받았다. 그는 자신이 준수해 온 계명들 이상의 요구가 있을 것이라곤 예상하지 못했다. 그는 토라의 착한 아들이었으며, 계명에 순종하는 것이 잘사는 삶의 척도라고 생각했었다. 그런데 예수는 그 사람이 조심스럽게 미덕의 척도라 여겨 왔던 관념을 부정하셨다.

그는 아주 슬펐다. 그는 예수와 예수 운동에 이끌려 왔었다. 그러나 그는 그런 삶으로 들어가려면 '포기'해야 한다는 것을 깨닫지 못했다. 그는 예수와 함께 있는 이들이 '옛 시대'에 속한 것을 전혀 주장하지 않는다는 사실을 알아차리지 못했다.

그 사람은 예수와 그의 무리를 떠나갔다. 그는 계명에 순종하기만 해도 삶에 부족함이 없는 안전한 세계로 돌아갔다.

그는 가진 것이 많았다. 물론 그는 그랬다! 권력과 풍요와 안전의 정점에서 살아가는 우리 모두처럼 그도 가진 것이 많았다. 이 사람은, 복음이 제시하는 대안 사회, 시내에서 이미 시작된 대안 사회가 우리가 지금 살아가는 세상이 가장 좋게 여기는 꿈과 모순된다는 것을 여실히 보여주는 사례다. 우리는 어려운 선택을 피하기 위해, 그리고 그 모순을 감추기 위해 최선을 다해 왔다. 예수는 철저히 상반되는 이것 아니면 저것을 이 사람 앞에 제시하신다. 나는 데즈먼드가 우리가 어떤 이웃으로 살아갈 것인지와 관련하여 예수가 제시하신 것과 똑같은 이것 아니면 저것을 제시한다고 본다. 예수가 시작하신 새로운 세상도 이웃 사랑에 기초한 참여와 연대와 변화를 꿈꾸는 세상이기 때문이다.

예수께는 늘 일어나는 일이었지만, 그가 충격 속에서 슬퍼하며 떠나가는 사람을 우연히 만난 사건은 그를 따르는 이들에게 비판적 성찰의 계기가 된다. 제자들은 예수와 함께하면서 새로운 삶의 방식을 천천히 배운다. 예수는 그 사람이 가진 것이 많음을 보고 이렇게 말씀하신다.

부자는 하나님 나라에 들어가기가 심히 어렵다. (막 10:23)

다른 복음서를 읽어 보면, 예수는 우리가 하나님과 돈

을 함께 섬기지 못한다고 말씀하시곤 한다(마 6:24, 눅 16:14). 예수는 이를 그 사람에게 명확히 일러 주셨으며, 그도 아주 잘 이해했다.

마가복음은 제자들이 그 심오한 이것 아니면 저것에 "당황했지만" 아무 말도 하지 않았다고 보고한다(24절). 그들은 이 양자택일에 심히 놀라 아무 말도 못했다. 예수는 그들이 그분의 말씀을 오해하기를 바라지 않으셨다. 예수는 다시 이렇게 말씀하신다.

> 애들아, 하나님 나라에 들어가기가 아주 어렵구나! 부자가 하나님 나라에 들어가는 것보다 낙타가 바늘귀로 들어가는 것이 더 쉽다. (막 10:24-25)

부자가 예수의 새 공동체로 들어가기가 그리도 어렵다! 낙타가 바늘귀로 들어가기보다 어렵다! 그러자 제자들은 그 말뜻을 알아차린다. 그것이 정말, 정말 어렵구나! 예수는 제자들이 크게 놀라는 것을 보시고, 어떤 확신(보증) 비슷한 것을 제시하신다. 그러나 그것은 안락한 확신이 아니다.

> 죽을 수밖에 없는 사람에게는 불가능하나 하나님은 하실 수 있나니, 하나님은 모든 일을 하실 수 있기 때문이라. (27절)

인간의 의지나 결단으로는 불가능함을 인정하는 것부터 시작해야 한다. 부자도 그 점을 아주 잘 이해했다. 그러나 뒤이어 이런 말이 나온다.

하나님은 모든 일을 하실 수 있다.

하나님은 하나님이시다! 하나님은 전능하시다. 하나님은 불가능한 일도 하실 수 있다. 하나님은 늙은 사라와 아브라함에게 아들을 주신(창 18:14) 뒤로 불가능한 일을 해오셨다. 그 부자는 자신이 스스로 결심하지 않은 새 일이 자신의 삶에서 일어날 수 있음을 인정하기에는 너무나 냉정하고 자신만만했다. 그러나 그것이 인간 변화의 미스터리다. "두려움과 떨림으로 우리 자신의 구원을 이루어 가는"(빌 2:12) 것은 우리 인간의 책임이다. 부자는 그 일에 진지하게 임했다. 그러나 그는 다른 측면을, 다시 말해 "너희 안에서 일하시며, 너희가 하나님이 기뻐하시는 것에 뜻을 두고 행하게 하실 수 있는 분은 바로 하나님"(빌 2:12-13)임을 알지 못했다. 우리에게 감춰진 부분은 "하나님이 너희 안에서 일하신다"는 것이다. 바로 그런 이유로 우리는 우리 인간이 변화되리라고 기대할 수 있다. 데즈먼드가 부유한 사람들이 참된 공동체를 이루는 쪽으로 나아가고자 '포기할' 수 있다는 소망을 천명한 것도 그 때문이다. 그 부자는 진정한 안녕을 이루려는 자신의 의지와 노력이 최종 요소가 아니라 부차적 요소에 불과하다는 신비를 계산하지 못했다. 우리가 여태까지 한 번도 예상하지 못했던 심오한 새로움으로 우리를 부르며, (때로는) 우리에게 그곳으로 나아가라고 자극하는 또 다른 목적이 우리 삶에 영향을 미치고 있다.

하지만 복음서 내러티브는 "하나님은 모든 일을 하실 수 있다"는 주장에 심오한 경고를 덧붙인다. 마가복음 14장 36절을 보면, 예수는 겟세마네 동산에서 두려움 가운데 절박한 기도를 올리면서 이렇게 강조하신다. "아버지, 아버지는 모든 것을 하실 수 있사오니." 예수는 이스라엘이 오랜 세월 동안 강조해 온 것을 되풀이하신다(렘 32:17, 27을 보라). 겟세마네의 예수 내러티브는 한 가지를 분명하게 일러 준다. 예수가 누구이시며 무엇을 의도하셨는지 고려할 때, 그가 자신을 제거하려는 권력과의 충돌을 피하는 것은 불가능했다. 하나님의 권능도 예수를 그의 소명이 암시하는 것에서 구해 줄 수 없었다. 예수가 그 위험한 '불가능'을 회피할 수 없었듯이, 부자도 그 '불가능'을 회피할 수 없었다. 예수를 따르면서 그가 가진 부를 그대로 가져오기(소유하기)는 불가능했기 때문이다. 제자들에게도 그런 일은 불가능했다. 이 때문에 부자와 제자들 그리고 데즈먼드가 '포기하라'고

권면하는 사람들은 두 가지를 모두 갖는 것이 불가능함을, 다시 말해 부를 유지하면서 가난을 철폐하기는 불가능함을 깊이 생각해 보라는 요구를 받는다. 이것 아니면 저것이지, 결코 둘 다일 수는 없다.

베드로는 어떤 '가능성'을 경계한다. "보세요!" 그는 자신이 정말로 "모든 것을 버렸다"라는 것을 예수께 되새겨 준다. "모든 것을 버림", 그것이 바로 부자가 할 수 없던 일이었다. 베드로, 안드레, 야고보, 요한은 사실 엉겁결에 그들의 생업인 물고기잡이와 소득을 포기했다. 자신의 의사로, 곧장, 주저 없이 베드로는 실제로 "따랐다." 그는 삶을 마치기 전에 그의 목숨을 포함하여 모든 것을 "포기하게" 된다.

> 그러나 네가 나이 들면, 네 손을 벌릴 것이요, 그러면 다른 누군가가 네 띠를 매 주고 너를 네가 원하지 않는 곳으로 데려가리라. (그가 이를 말씀하심은 베드로가 어떤 종류의 죽음으로 하나님께 영광을 돌릴지 일러 주심이었다.) 그[예수]는 이 말씀을 하시고 그[베드로]에게 말씀하셨다. "나를 따르라." (요 21:18-19)

예수는 네 번째 복음서의 마지막 본문에서 베드로에게 재차 같은 명령을 내리신다. "나를 따르라"(요 21:19). 예수는 마가복음 10장에서 베드로에게 회복이 있으리라는 약속을 포괄적으로 제시하신다.

> 진실로 내가 너희에게 이르노니, 나를 위해 그리고 복음을 위해 집이나 형제나 자매나 어머니나 아버지나 자식이나 밭을 버린 사람은, 이 시대에는 (집, 형제와 자매, 어머니와 자식, 그리고 밭을 핍박과 함께) 백 배나 받고, 다가오는 시대에는 영원한 생명을 받으리라. (막 10:29-30).

예수는 베드로에게 '모든 것'의 목록을 제시하신다. 가족과 밭을…백 배나! 그러나 예수는 두 가지 조건을 덧붙이신다. 첫째, '포기'는 예수와 복음을 위한 것이어야 한다. 예수는 새로운 가능성을 향한 소망에 이바지하지 않는 '포기'에 감동하지 않으신다. 둘째, 경이로운 미래는 "핍박과 함께" 주어질 것이다. 새 체제로 가는 길에는 쉬운 것이 없다! 따라서 예수가 베드로에게 그가 기꺼이 순종할 것이라고 안심시켜 주신 말씀은 뒤섞인 말이자 조건이 붙어 있는 말이다. 예수는 베드로의 지평을 훨씬 넘어, '포기'를 통해 얻는 이득이 세상의 규범으로는 쉽게 판단할 수 없는 것임을 알고 계신다. 데즈먼드가 가난을 철폐하려고 '포기'하는 이들을 생각하며 내놓은 전망도 마찬가지다. 그것은 부와 권력을 앞세운 옛 규범으로 판단할 수 있는 이득이 아니다. 그것은 오로지 우리가 공동체 안에서 영위하는 새 삶을, 안녕을 앞세운 우리의 옛 규범보다 소중히 여길 때 얻을 수 있는 이득이다.

이어서 예수는 자신의 '트레이드마크'인 적절하고 정확한 비평을 덧붙이신다.

> 처음인 자가 마지막이 되고
>
> 높아진 자가 낮아지고
>
> 잃었던 자가 되찾아지고
>
> 텅 빈 자가 가득 차리라. (막 10:31).

그렇다면 '백 배' 회복된다는 것은 무슨 말인가? 그 회복은 오래된 다양성을 되살리는 것이 아닐 수도 있다. 어쩌면 그 회복은 공동의 소유로 이어질지도 모른다. 기쁘게 순종하는 새 가족이 있을 것이다. 회복된 밭은 공동으로 소유하게 될 것이다. 약자들로 구성된, 번성하는 공동체들이 있을 것이다. 그 공동체에는 지금은 '텅 빈' 이들이 기꺼이 참여할 수 있을 것이다. 예수의 명령과 부자의 소망은 숨이 멎을 정도로 서로 모순되며 대립한다. 데즈먼드는 아마도 가난 철폐를 이처럼 급진적이거나 선동적인 언어로 주장하지는 않을 것이다. 그러나 그가 권면하는 바는 복음이 제시하는 것과 놀라울 만큼 유사하다. 예수와 그 뒤를 따르는 데즈먼드는 언제나 선택지를 제시하는데, 그 선택은 어느 쪽이든 매우 단호하다.

그런데 우리가 바울이 고린도에 있는 그의 회중에게 사도로서 제시한 권면에 다다를 즈음이면, 예수의 이것 아니면 저것이 지닌 급진성이 약화된다. 그러나 바울은 회중에게 교회의 공동선을 위해 자신을 '포기'하라고 여전히 권면한다. 바울은 고린도후서 8장에서 회중에게 극심한 어려움에 빠진 다른 회중을 위해 후히 연보할 것을 요청한다. 바울은 그런 호소의 근거로, "우리 주 예수 그리스도"가 다른 이들을 위해 그의 '부요함'을 포기하셨음을 강조한다.

> 이는 우리 주 예수 그리스도의 자비로우심을 알기 때문이니,
> 그가 부요하신데도 너희를 위해 가난하게 되심은 그의
> 가난으로 말미암아 너희가 부요해지게 하려 하심이다. (고후
> 8:9)

여기서 중요한 점은 바울이 앞서 빌립보서의 송가에서 호소한 말을 되울려 준다는 것이다.

그는 하나님의 형체이셨으나,

하나님과 동등함을 당연하게 여기지 않으시고

자신을 비워

종의 형체를 취하사

사람의 모양으로 태어나셨다.

또 그는 사람의 형체로 나타나

자신을 낮추시고 죽기까지,

심지어 십자가에서 죽기까지 순종하셨느니라. (빌 2:6-7)

예수는 다른 이들을 위해 자신을 '내어 주는' 교회의 머리이며 본보기이시다. 바울은 그가 처한 현실을 고려하여 그런 관대함이 교회 안에서 한계를 가질 수 있음을 인정한다.

이제 그것을 행하기를 마칠지니, 이는 너희가 가진 것을 따라 그것을 다 마침으로 너희의 열의가 이루어지게 하려 함이다…. 내가 말하려는 것은 다른 이들에게는 편안함이 있어야 하고 너희에게는 압박이 있어야 한다는 것이 아니다. 그것은 너희가 현재 누리는 풍요와 그들의 곤궁함 사이의 공정한 균형의 문제이니, 이는 그들의 풍요가 너희의 곤궁함을 위한 것이 되게 하여 공정한 균형이 이루어지게 하려 함이다. (고후 8:11-14)

　그러나 그가 15절에서 만나 이야기를 인용한 것은 각 사람의 관대함이 풍요를 공유하는 경제를 만들어 낼 수 있음을 일러 준다(출 16:18을 보라). 그는 회중에게 "이 후한 일에 탁월하라"(7절)고 촉구한다. 따라서 교회(그리스도인들의 회중)는 세상과 달리 다른 이들의 필요에 부응하여 내어 주고 포기하는 공동체다. 이렇게 내어 주고 포기하게 만드는 원동력이 바로 예수가 극한까지 실천해 보이신 자기 내어 줌의 본보기다. 따라서 내어 주고 자신을 내어 주는 교회의 습관은 철저히 문화를 거스르는 습관이다. 세상의 방식은 자신이 모든 것을 독점할 때까지 얻고 쌓으며 또 쌓는 것이기 때문이다. '더 큰 곳간'과 '창고 도시들'이 필요한 것도 그 때문이다. 그러나 교회는 그렇게 하는 곳이 아니다! 즉 교회가 내어 주고 포기하는 것은, 단지 교회를 그 선교 현장에서 유지하기 위해 하는 교회 내부 사업(in-house enterprise)이 아니다. 공동체를 번성하게 하는 것은 공적 관행과 공공 정책에 투자하는 공적 책임이다. 힘 있는 자들의 약탈 경향이 가난을 야기하듯이, 내어 주고 포기하는 과정을 통해 우리 경제에 늘 존재하는 습관들을 극복하면 가난을 철폐할 수 있다.

　데즈먼드는 설득력 있는 권유로 그의 주장을 마무리한다.

빈곤을 영구히 존속시키는 역할을 하고 있는 모든 사람, 회사, 기관은 빈곤을 개선하는 역할도 하고 있다. 우리가 이루기 위해 주장하고 행진하고 희생해야 할 것이 바로 가난을 끝내는 것이다. 가난은 꿈을 죽이고 능력을 파괴하며 인간의 잠재력을 크게 허비하게 만드는 것이기 때문이다. 가난은 비참한 것이자 나라의 치욕이며, 우리가 위대하다는 어떤 주장도 거짓말로 만들어 버린다. 세계에서 가장 부유한 나라의 시민들이 그것을 끝낼 수 있으며, 결국 끝내야 한다. (189쪽)

그러나 나는 그의 마지막 문장 때문에 잠시 멈췄다.

우리가 이 문제보다 한 수 앞서갈 필요는 없다. 다만 이 문제를 아주 미워하면 된다. (189쪽)

그가 끝에서 두 번째로 제시한 단어는 '미워하다'이다. 그 문제를 미워하라. 가난이라는 실체를 미워하라. 그런 가난을 용인하는 경제 관행들을 미워하라. 나는 그가 쓴 단어 '미워하다'에 놀랍도록 강한 충격을 받았다. 그가 이 이슈를 얼마나 분명하게 인식하고 있는지, 그가 그 해결책이 얼마나 절박하다고 여기는지 알 수 있었다. 그리고 나는 예수도 같은 말을 쓰셨음을 떠올렸다.

누구도 두 주인을 섬길 수 없으니, 이는 한 종이 이 주인은 미워하고 다른 주인은 사랑하거나, 한 주인에게는 헌신하고 다른 주인은 무시할 수 없기 때문이라. 너희는 하나님과 부를 함께 섬길 수 없느니라. (마 6:24, 눅 16:13)

누구든지 내게 오는 이가 아버지와 어머니, 아내와 자식, 형제와 자매, 그리고 심지어 목숨까지 미워하지 않으면, 내 제자가 될 수 없느니라. (눅 14:26)

마태복음에 있는 평행 본문에는 '미워하다'라는 말이 들어 있지 않지만, 이 본문의 취지도 동일하다.

이는 내가 사람이 그 아버지와,

딸이 그 어머니와,

며느리가 그 시어머니와 맞서게 하려 함이니,

사람의 원수가 자기 집안 식구이리라.

누구든지 나보다 아버지나 어머니를 사랑하는 자는

내게 적합하지 않고,

누구든지 나보다 아들이나 딸을 사랑하는 자도

내게 적합하지 않으며,

누구든지 십자가를 지고 나를 따르지 않는 자 역시

내게 적합하지 않다.

자기 목숨을 찾고자 하는 이들은 잃을 것이며,

나를 위해 자기 목숨을 잃는 자는 얻을 것이다.

(마 10:35-39)

예수는 사람이 자기 가족을 위해 이것과 저것을 함께 취하는 쉬운 길을 거부하신다. 데즈먼드도 예수와 마찬가지로 이것 아니면 저것을 절박하게 강조한다. 다시 말해 그는 이미 존재하는 가난한 계층을 그대로 놔둔 채 늘 해오던 대로 삶을 영위할지, 아니면 자원을 새롭게 분배함으로써 가난한 계층도 그들 자신의 미래를 만드는 데 참여할 수 있게 해줄지 선택해야 한다고 강조한다.

내가 볼 때 해리 에머슨 포스딕(Harry Emerson Fosdick)이 작곡한 위대한 찬송 〈은혜의 하나님과 영광의 하나님(God of Grace and God of Glory)〉보다 좋은 마무리가 있을까 싶다.

서로 싸우는 당신 자녀들의 광기를 치료하시고,

우리 자만심이 당신의 통제에 복종케 하소서.

물질은 풍부하나 영혼은 가난한,

우리의 무분별한 이기적 기쁨을 부끄럽게 하소서.

우리에게 지혜를 주시고, 우리에게 용기를 주소서.

우리가 당신 나라의 목표를 놓치지 말게 하소서.

우리가 당신 나라의 목표를 놓치지 말게 하소서.

하나님께 영광을.

이 찬송의 세 번째 연은 세 부분으로 이루어진 기도이
자 간구다.

○ 치료하소서…우리는 우리 자신을 돕지 못하기 때문입
니다
○ 복종케 하소서…우리는 목이 곧고 완고하기 때문입
니다
○ 부끄럽게 하소서…우리의 방종, 우리의 자족을

데즈먼드가 "우리가 배제와 가난의 재생산에 참여할
때 느끼는 부끄러움"(177쪽)에 관하여 제시한 평가를 주목하
라. 위 찬송에서 볼 수 있듯이 우리가 거룩하신 하나님 앞에
서 부끄러움을 느끼는 것이 당연한 것은, 우리가 "물질은 풍
부하나 영혼이 가난하기" 때문이다. 이것이 바로 마가복음
10장에 나오는 부자의 상황이다. 그에게는 '영혼'이 없었다.
거룩하신 하나님과 공명할 능력도 없었다. 결국 그는 그가

풍부히 갖고 있는 그의 '것들'을 귀중히 여겼다.

포스딕은 저 세 번째 연에서 두 가지 간구를 더 들려준다.

◦ 우리에게 지혜를 주소서
◦ 우리에게 용기를 주소서

'당신 나라의 목표'를 위해 우리에게 지혜와 용기를 주소서. 환대, 관대함 그리고 용서를 배운 이웃이 행하는 이웃 사랑이 바로 '당신 나라의 목표'다. 환대, 관대함, 용서를 실천하려면 탐욕의 문화를 거스르는 용기를 가져야 한다. 아울러 어떻게 일하는 것이 경제를 바꾸는 최선의 방책인지 아는 지혜가 필요하다. "치료하소서, 복종케 하소서, 부끄럽게 하소서"라고 끝없이 간구하는 교회를 상상해 보라. 그리고 하나님의 새로운 통치를 위해 일할 지혜와 용기를 지닌 교회를 상상해 보라. 마가복음의 부자는 하나님의 새로운 통치에 이르지 못하겠지만, 우리는 탐욕과 폭력으로 가득한 옛 체제에서 빠져나오는 길을 택했기에 모든 것을 버리고 따랐던 베드로와 함께 있을 것이다.

7 장

탐냄

나는 데즈먼드의 『미국이 만든 가난』을 계속 곱씹으면서, 그가 가난과 사회 안녕에 관하여 제시하는 예리한 분석과 주장이 설득력 있게 성서의 증언과 들어맞는다는 점을 여러 각도에서 살펴봤다. 성서의 증언과 오늘날 사회 현실에 대한 비판 사이에 존재하는 접촉면(공통점)을 탐구하는 일이 중요한 작업임을 믿어 의심치 않는다. 그 작업이 중요한 이유는 우리 믿음이 사회 현실에 대한 우리의 이해와 반응에 여러 방식으로 영향을 줄 수 있다는 것이 그 작업을 통해 드러난다는 데 있다. 다시 말해 그 작업이 중요한 이유는 우리가 그 작업을 통해 성서를 현실 세계의 이슈들과 관련된 방식으로 읽고 분별할 수 있으며, 그럼으로써 성서를 그저 피안(이 세상이 아닌 다른 세상)과 관련된 것으로 해석하려는 어떤 노력에도 맞설 수 있기 때문이다. 데즈먼드의 주장에 대한 내 이해를 바탕으로 인간의 자유, 책임, 가능성 그리고 의

사결정을 다룬 커다란 드라마를 다음과 같이 세 부분으로 나눠 정의해 보겠다(달리 더 무엇이 필요할까 싶다).

첫째, 고대 이스라엘의 전례적 상상을 살펴보면, 창조의 출발점에는 창조주의 뜻을 거역하는 어떤 것에도 손상을 입지 않은, '원복'(original blessing)을 연상시키는 계절이 있었다. 이 때문에 성서는 경이로운 대칭을 이루는 창세기 1장 1절에서 2장 4절까지의 창조 기사를 그 뒤에 가장 먼저 창조된 것들이 겪는 어려움에 관한 이야기보다 앞서 제시한다. 모든 것이 평화롭고 조화로우며 번성했다. 폭풍 가운데 나타나신 하나님을 한 편의 시처럼 표현한 본문은 그런 안녕이 다 함께 어우러진 복된 모습을 보여준다.

내가 땅의 기초를 놓을 때 너는 어디 있었느냐?

네가 이해했으면 내게 말해 보라.

누가 그것의 도량을 정했느냐? 너는 분명히 알고 있다!

또 누가 그것 위에 있는 선을 늘였느냐?

그 기초를 무엇 위에 가라앉혔느냐?

누가 모퉁잇돌을 놓았느냐?

샛별들이 함께 노래하고

하늘에 있는 존재들이 다 기뻐 외치던 그때에 누가

그리했느냐?

(욥 38:4-7)

이 시는 인간의 이해나 인간이 어떤 일을 행하기 전에 존재했던 '전 시간'(before time)의 모습을 묘사한다. 그 '전 시간'을 보여주는 특징이 하늘의 감미로운 기쁨이다. 상상해 보라. 모든 별과 달과 해가 함께 기뻐하며 외치는 모습을! 창조(피조 세계)의 아름다움과 경이와 선함에 의기양양해진 그것들이 달리 무엇을 할 수 있었겠는가? 욥은 아무 대답도 할 수 없었다. 욥도 우리 모두처럼 그 '전 시간'에 다가갈 수 없다. 이 때문에 (가령 시편 147, 148, 150편과 같은) 시편의 위대한 찬송들은 모든 피조물이 함께 모여 기쁘게 찬미하는 장면을 묘사한다. 그 모든 피조물은 '말하지' 못하기에 노래할 수밖에 없다. 그것들은 이런 실재를 논리 정연한 문장으로 표현하지 못한다. 창조(피조 세계)의 장엄함은 논리적 언어로 표현할 수 없으면 그런 표현의 차원을 넘어서므로, 노래와 찬송과 찬미와 의기양양한 모습과 기쁨으로 표현할 수밖에 없기 때문이다!

둘째, 우리는 세상이 어떤지 잘 알고, 성서도 이를 잘 알고 있다. 아니, 우리가 아는 세상은 두려움과 탐욕과 폭력으로 점철된 맹렬한 모순으로 가득한 세상이다. 그 세상이 우리를 에워싼 모든 것의 모습이다. 성서에는 이에 대한 자세한 설명이 없다. 성서는 오히려 그 모순을 보여주는 이야기를 들려주며, 고전 신학은 거기에 '타락'이라는 이름을 붙였다. 그러나 성서는 이름표에 머물지 않고, 우리에게 다른 이야기를 들려준다.

- 아담과 하와의 반역(창 3장)
- 가인의 아벨 살해(창 4장)
- 다윗의 탐심(삼하 11장)
- 여로보암의 전횡(왕상 11-12장)
- 이세벨과 아합의 폭력(왕상 21장)

즉 창조주의 선한 뜻에 어긋나는 삶에 관한 다른 많은 이야기들뿐 아니라, 고대의 이야기들과 이 시대의 이야기들은 모두 우리 인간의 한계에 대한 두려움, 그 두려움을 극복하려는 탐욕, 그 탐욕을 키우고 힘을 실어 주는 폭력을 증언한다. 두려움, 탐욕, 폭력으로 차례차례 이어지는 과정을 세세히 살펴보면, 결국 그 과정은 하나님이 처음에 주셨던 '원복'을 거부하는 것이다. 우리가 '원복'이라는 개념을 받아들이면, 오해를 낳을 수 있는 오래된 개념인 '원죄'도 얼마든지 받아들여 다시 생각해 볼 수 있다. 원리를 따지자면 그것은 죄다. 하나님은 선한 뜻으로 복을 베풀어 주셨건만, 세상은 그 복을 거역하며 살아가기 때문이다.

이런 문제의 근원은 우리에게 어려운 수수께끼다. 첫 부부를 다룬 최초의 내러티브를 보면, 그런 파열의 '원인'은 교활하고 더러운 한 피조물에게서 나온 유혹이다. 이 첫 부부는 이에 대답해야 한다.

> 여자가 보니, 그 나무가 먹기에 좋고 눈에도 탐스럽게 보이며, 지혜롭게 되고자 욕심낼 만했다(욕심의 대상이 될 만했다)(the tree was to be desired). 이에 여자가 그 열매를 따서 먹고 함께 있던 남편에게도 일부를 주니, 남편이 먹었다. (창 3:6)

여기서 사용된 단어는 '욕심내다'이다. 내러티브는 첫 부부가 '욕심을 냈다'고, 곧 부부가 주어인 능동형으로 말하지 않는다. 내러티브는 그 나무가 "욕심의 대상이" 되었다고 말한다. 분명 '욕심내다'가 이야기의 중심에 있다. 성서의 다른 많은 곳에서는 '하마드'라는 말을 '탐내다', 곧 부적절한 욕심, 합당하지 않은 욕망을 뜻하는 말로 옮긴다. 여기에서 지식을 갖게 하는 나무가 적절하지 않은 것은 그 동산의 주님이 그것을 금하셨기 때문이다. 그러나 하나님이 내리신이 금지 명령은 인간의 욕심 때문에 무너지고 만다. 첫 부부는 어쨌든 그 열매를 먹는다. 어쩌면 그들은 먹지 않고는 견딜 수 없었을지도 모른다. 결국 우리의 불법한 욕심이 힘을 부린다. 따라서 그런 '욕심'은, 그 욕심이 어떻게 존재하게 되었든 그릇된 갈망이라고 결론지어도 될 것 같다. 그런 욕심은 창조주와 피조물의 상호 작용 조건(terms of interaction)을 어기는 것이기 때문이다. 따라서 우리는 부적절하지만 강력한 욕망, 창조주와 피조물의 관계를 정의하는 연관 관계를 경솔히 침해한 욕망 때문에 '원복'을 포기한 것이라고 결론지을 수 있다.

성서는 탐심, 곧 부적절한 욕망의 엄청난 힘에 대하여 풍부한 성찰을 제공한다. 한 이른(원시) 내러티브를 보면, 이스라엘이 공동체 안에서 발생한 문제로 전투에서 패배한 일을 다룬다(수 7:2-5). 여호수아가 패배의 이유를 설명해 달라고 요구하자, 하나님은 이렇게 대답하셨다.

> 이스라엘이 죄를 지었다. 그들은 내가 그들에게 명한 내 언약을 어겼다. 그들은 바쳐진 물건 가운데 일부를 도둑질했으며, 속이는 행동을 했고, 그것을 그들이 소유한 것 가운데 두었다.
>
> (수 7:11)

여호수아가 하나님을 모독한 이 사건을 조사하자, 유다 지파 아간이 저지른 죄가 드러났다. 심문을 받은 아간은 이렇게 털어놓았다.

그것이 사실입니다. 나는 이스라엘 하나님 주께 죄를 지은 사람입니다. 나는 전리품 가운데 시날에서 나온 아름다운 망토와 은 이백 세겔, 그리고 오십 세겔 나가는 금덩이를 하나 보았습니다. 나는 그것들이 탐나서 취했습니다. 그것들은 지금 내 장막 안 땅 아래에 숨겨 놓았고 은은 그 밑에 있습니다. (수 7:20-21)

그는 반짝이는 귀중품을 탐냈다. 그의 탐냄은 공동체에 엄청난 어려움을 가져다주었다.

이스라엘 왕정사는 출발할 때부터 다윗의 탐욕 때문에 손상을 입었다.

다윗이 누군가를 보내 그 여자에 관하여 알아보게 했다….
다윗이 심부름꾼을 보내 그 여자를 데려오게 하니 여자가 그에게 왔고, 그는 여자와 동침했다. (삼하 11:3-4)

이 내러티브에는 '탐내다'라는 말 대신 강한 의미의 동사인 '취하다'가 나오는데, 위 번역에서는 이를 누그러뜨려 옮겼다. 즉 다윗의 행동은 폭력적인 강탈 행위였다(삼하 12:9 참조).

예언서 전승을 보면, 탐냄이라는 행위가 타인의 재산을 갖고 싶어 안달하고 결국 강탈하는 행동으로 생생하게 묘사된다.

> 오호라, 그들의 침상에서 악과 악행을 꾸미는 자들아!
> 날이 밝으면, 그들에게 그리할 힘이 있으므로
> 그 일을 벌이는도다.
> 그들이 밭을 탐내고 취한다.
> 집을 탐내고 빼앗는다.
> 집을 가진 자와 집을,
> 사람과 그 유업을 억누른다. (미 2:1-2)

이 본문은 거침없고 집요하게 자행된 경제적 약탈의 현실을 묘사한다. 권력 있는 자들이 약자들의 땅을 빼앗은 것은 "그들에게 그리할 힘이 있기 때문이다." 예언자의 지평에서 보면 이처럼 이웃 사랑의 정신을 훼손하는 행위에 대한 답이 없지는 않지만, 결국 그렇게 탐욕을 부린 이들은 쫓겨나는 결말을 맞을 것이다.

그러므로 주가 말씀하신다.

내가 이제 이 집에 맞서 한 재앙을 계획하였나니 너희 목이

벗어나지 못할 것이며,

너희가 다시는 교만하게 다니지 못하리니

이는 그때가 재앙의 때임이라.

그날에 그들이 너희를 비웃는 노래를 짓고,

구슬픈 탄식으로 통곡하며

말하기를, "우리가 철저히 망하는구나.

주가 내 백성의 유업을 바꾸시니

그가 그것을 내게서 가져가시도다!

그가 우리 밭을 우리를 붙잡은 이들 가운데 나눠 주시도다."

그러므로 너희 중 누구도 주의 총회 가운데서

제비를 뽑아 줄을 긋지 못하리라. (미 2:3-5)

첫 부부가 저지른 설명할 수 없는 행동, 그리고 예언자의 시야에 등장하는 아간의 우발적 행동은 조직적이며, 그 행동은 공동체의 잠재력을 빼앗고 무너뜨리는 결과로 이어진다. 이사야가 권력자들의 늑탈이 결국은 농업 경제의 실패만 초래할 뿐이라고 말할 수 있는 것도 그 때문이다.

아, 집에 집을 잇고

밭에 밭을 더하는 자들아,

너희는 너희 외에 어느 누구에게도 집과 땅이 남지 않고

그 땅 한가운데 너희만 홀로 살게 될 때까지 그리하는구나!

만군의 주께서 내가 들을 때 맹세하셨나니

진실로 많은 가옥 황폐해질 것이요,

크고 아름다울지라도 거주자가 없으리라.

열흘 갈이 포도밭이 겨우 포도주 한 바트를 낼 것이요,

씨를 한 호멜 뿌려도 겨우 한 에바가 나리라. (사 5:8-10)

프렘나트(Devadasan Nithya Premnath)는 그의 책 『8세기 예언자들: 사회적 분석(*Eighth Century Prophets: A Social Analysis*)』 (2003)에서 이 본문을 이렇게 주석했다.

10절이 팔레스타인의 두 가지 주요 수출 상품, 곧 포도주와 곡물을 열거한 점은 주목할 만하다. 상품을 수출하고 그 대가로 사치품과 군수 물자를 받았다. 결국 지역의 경제 자원은 엘리트와 그들의 생활 방식을 지탱하는 쪽으로 흘러갔다. 주요 생산자들은 그들의 노동 산물에서 아무런 혜택도 받지 못했다. 이런 일이 벌어진 것은 통치 엘리트가 분배 과정을 단단히 움켜쥐고 통제했기 때문이다. 여기서 말하는 심판은 부자들이 농부들에게서 빼앗은 바로 그것을 부자들에게서 빼앗겠다는

것이다. (102쪽)

시내에서 주어진 계명이, 두 번에 걸쳐 되풀이되는 '탐내다'에서 절정에 이르는 점을 짚고 넘어가지 않을 수 없다.

너는 네 이웃의 집을 탐내지 말라. 너는 네 이웃의 아내나, 남자 노예나 여자 노예나, 소나 나귀나, 네 이웃에게 속한 어떤 것도 탐내지 말라. (출 20:17, 신 5:21)

이 목록이 제시하는 금지 대상은 포괄적이다.

집, 아내, 노예, 소, 나귀…어떤 것도!

탐냄은 이웃의 본분을 어기는 것이다. 따라서 성서는 부적절한 욕망의 감춰진 힘과 공동체에 해를 끼치는 욕망이 실제로 세상에서 드러내는 탐욕을 선뜻 함께 연결한다. 데즈먼드는 가난을 가리켜, 힘과 특권을 가진 자들이 마땅히 전체 공동체에 속해야 할 자원을 그들 자신을 위해 비축하는 탐욕의 파괴적 힘을 되풀이하는 것이라고 묘사한다. 다음의 서신은 결국 '탐냄'을 강조하고 있는지도 모른다.

그러므로 네 안에 있는 것이 무엇이든 땅에 속한 것은 다
죽일지니,
음란과 부정과 사욕과 악한 욕망과 탐욕(greed, 이는
우상숭배다)이 그것이다. (골 3:5)

NRSV는 예전에 'covetousness'(탐냄)으로 번역되던 말
을 'greed'로 번역했다. 결국 **탐냄**은 우상숭배와 같다. 부적절
한 욕망은 거짓 신들을 섬기는 것과 같다. 가난한 이웃을 침
해하려 하고 침해할 수 있는 탐욕의 경제는 구원을 줄 수 없
는 거짓 신들이 주재하는 거짓 세상을 받아들이는 것이다.
데즈먼드의 주장은 바로 자족을 앞세우는 거짓 세상을 멀리
하라는 요구인데, 그런 자족을 부추기는 것이 부족과 불안
에 대한 깊은 두려움, 다시 말해 자신을 더 안전하고 부족함
이 없게 만들어 줄 것을 아직 충분히 갖지 못했다는 깊은 두
려움이다. 그런 억압 경제는 미가의 매서운 비판에서 시작
하여 데즈먼드의 예리한 분석에 이르기까지 곳곳에서 추적
할 수 있다. 이런 흐름은 18세기 잉글랜드에서 등장한 '인클
로저 법'(laws of enclosure)을 정확히 관통한다. 당시 지주들은
이 법을 통해 가난한 이들이 그들의 땅에서 나무(땔감)와 식

량을 거두지 못하게 했다.[20] 말이 나온 김에 짚고 넘어가야 할 것은 칼 마르크스의 첫 번째 저작이, 바로 사유 재산을 공적 용도로 사용하지 못하게 막음으로써 결국 약자들이 살아가는 데 필요한 자원을 갖지 못하게 한 배제(exclusion) 법을 다루고 있음은 주목할 만한 가치가 있다.

셋째, 우리에게는 조화로운 창조(피조 세계)에 대한 기억(과 소망!)이 여전히 남아 있다. 조화로운 창조에서는 이웃 간에 싸우게 만드는 탐욕의 경제는 창조주의 뜻이 아니다. 여기서 공통으로 나타나는 접촉면이 언약과 예언자 전승과 복음에 기초한 믿음이 표명하는 위대한 이것 아니면 저것인데, 이 양자택일을 가장 분명하게 천명한 이가 예레미야다.

> 주께서 이렇게 말씀하신다. 지혜로운 자들로 그들의 지혜를
> 자랑하게 하지 말고, 힘 있는 자들로 그들의 힘을 자랑하게
> 하지 말며, 부유한 자들로 그들의 부를 자랑하게 하지 말라.
> 도리어 자랑하는 자들로 이것을 자랑하게 할지니, 곧 그들이
> 나를 이해하고 아는 것과, 내가 주요 내가 굳건한 사랑과

---

20 Karl Polanyi, *The Great Transformation* (New York: Farrar&Rinehart, 1944). 칼 폴라니는 오스트리아-헝가리제국 출신의 경제사학자이자 철학자다. 한국어판은 『거대한 전환』이라는 제목으로 출간되었다.

정의와 의로 이 땅에서 행함을 자랑하게 할지니, 이는 내가
이것들을 기뻐하기 때문이다. 주의 말씀이다. (렘 9:23-24)

예언자는 두 개의 삼중 구조(triad)를 분명히 밝힌다. 첫
번째는 자족과 자기 집착을 강조한다.

지혜, 힘, 부

다른 하나는 창조주가 기뻐하시는 것에 근거하여, 이웃
의 본분을 실천하는 세 가지를 보여준다.

굳건한 사랑, 정의, 의

예레미야 예언자의 수사를 보면, 그것은 철저히 이것
아니면 저것의 구조이며, 이 구조를 누그러뜨리거나 훼손하
는 것은 전혀 허용되지 않는다. 사람이 아무리 이것도 갖고
저것도 가지려고 노력해도 둘을 모두 가지기는 불가능하다.
마찬가지로 데즈먼드가 구사한 수사를 보면, 이것 아니면
저것을 가난을 만들어 내고 존속시키는 약탈적 부와 관련지
어 말하거나, 가난한 이에게 공동체의 부에 참여할 어떤 지
분을 허용하는 자원 재분배와 관련지어 말한다.

개인의(private, 사익을 추구하는) 부를 비판하고 공공선을 지지하는 성서에 근거한 믿음은 우리에게 다시 결단을 촉구한다. 그것은 창조주 하나님의 뜻과 일치하는 결단을 내리고 그 뜻에 어긋나는 것을 거부하라는 요구다. 나는 창조주 하나님을 거스르는 부적절한 욕망의 사례들을 인용했지만, 이제 시편 시인의 순박한 신뢰를 함께 살펴볼 필요가 있다.

> 내가 주께 구한 한 가지, 그것을 구하겠사오니,
>
> 내 평생에 주의 집에 살면서
>
> 주의 아름다움을 보며,
>
> 그의 성전에서 사모하는 그것이라. (시 27:4)

이 시편 시인은 단 하나만을 소망한다. 즉 하나님이 계신 곳에서 사는 것이다. 언약에 기초한 이스라엘에서는 하나님 앞에서 살아가는 삶은 이웃과 더불어 살아가는 삶일 수밖에 없다. 이스라엘은 이웃을 돌아보지 않으면서 언약의 하나님과 함께 살아가는 삶을 기대할 수 없었다.

> 그러므로 네 예물을 제단에 드리다가 네 형제나 자매가 네게
>
> 원망할 일이 있음이 기억나면, 네 예물을 제단 앞에 두고 가서
>
> 먼저 네 형제나 자매와 화해하고 그 뒤에 와서 네 예물을

드리라. (마 5:23-24)

데즈먼드의 책은 우리가 가난과 부와 이웃에 대해 다시 결단해야 한다고 요구한다. 마찬가지로 성서도 같은 결단을 길고 끈질기게 요구한다. 우리는 오랫동안 지속된 이 요구에서 극적인 순간을 세 가지 발견할 수 있다.

1. 모세는 결단하라는 명령과 더불어 '두 길'을 이스라엘 앞에 제시한다.

보라, 내가 오늘 생명과 번성과 죽음과 재난을 네 앞에 두었다…. 생명을 선택하라. 그러면 너와 네 자손이 살리라. 주 네 하나님을 사랑하고 그에게 순종하며, 그에게 굳게 붙어 있으라. 이는 그것이 네게 생명과 장수를 의미하기 때문이다. (신 30:15, 19-20)

2. 여호수아는 이스라엘에게 야훼와 다른 신들 사이에서 선택할 것을 요구하면서, 경솔하거나 피상적인 선택을 경계하라고 경고한다.

만일 너희가 주를 섬기지 않으려면, 오늘 너희가 누구를

섬길지, 너희 조상이 강 건너편 지역에서 섬겼던 신들을
섬길지, 아니면 너희가 살고 있는 땅 아모리 족속의 신들을
섬길지 택하라. 나와 내 집은 주를 섬기겠다… 그러면 너희
가운데 있는 이방 신들을 치워 버리고 너희 마음을 이스라엘의
하나님 주께 향하게 하라. (수 24:15, 23)

3. 예수는 제자들에게 '두 길'을 제시하면서 한 길이 다른 길보다 훨씬 힘들다고 경고하신다.

좁은 문으로 들어가라. 이는 파멸로 나아가는 문은 넓고 그
길은 쉽기 때문이니, 그리로 들어가는 자가 많다. 생명으로
나아가는 문은 좁고 그 길은 힘들다. 그곳을 발견하는 자는
아주 적다. (마 7:13-14)

데즈먼드의 책은 이런 명령의 흐름을 따른다. 데즈먼드도 모세, 여호수아, 예수만큼 분명하게 이웃 사랑을 거스르는 선택은 결국 재앙으로 끝날 것이라고 본다. 그의 예리한 분석은 믿음과 삶에 관한 깊은 주장이 개인의 차원을 넘어 이웃의 특수성과 관대함의 경제에까지 확장된다는 사실을 드러낸다. 바울이 제시한 목록도 같은 맥락을 보여준다.

영(성령)의 열매는 사랑과 기쁨과 평화와 인내와 친절과
관대함과 신실함과 온유와 절제다. 이런 것들을 금지할 법이
없다. (갈 5:22-23)

우리는 정책과 선거, 예산과 같은 영역에서 내리는 선
택을 통해 그 가능성들에 대해 결단한다. 그런 의사 결정의
자리는 우리 자신과 이웃을 위해 어떤 미래를 선택할 수 있
는지 강하게 일깨워 준다.

가난이 흐르는 약속의 땅

분명 우리 사회의 대다수 사람들은 정치적 성향과 무관하게 이웃을 너그럽게 대한다. 이는 심각한 위기 상황이나 특별히 극적인 필요가 생길 때 더욱 뚜렷하게 드러난다. 우리는 값비싼 희생을 치르며 살아가는 다양한 처지와 형편의 사람들로부터 배우고 그들의 목소리에 귀 기울일 준비가 되어 있다. 그러나 자본주의 이데올로기 역시 부를 개인의 소유, 곧 사익을 위한 것으로 규정하고, 이웃을 제한된 자원을 두고 다투는 경쟁자로 인식한다. 그럼에도 불구하고 그 자본주의적 틀 안에도 의외로 많은 관대함이 스며 있다. 실제로 사람들은 자본주의에 대한 깊은 헌신을 개인주의라는 이데올로기를 통해, 곧 시장에 대한 신뢰로 표현해 왔다.

시장을 더 이상 외부의 힘에 의해 좌우되는 제도로 보지 않고, 오히려 사회 전체를 규율하는 도구로 삼아야 한다는 점이 더욱 분명해졌다. 이로써 시장은 개인과 집단의 행동을 인도하는 지도 원리가 된다. 우리는 공공장소인 시장과 사회의 여러 관계를 규율하는 원리인 시장을 분명하게 구분하는 현실을 마주하고 있다.[21]

따라서 우리는 개인과 개인이 마주한 상황에서는 자선을 통해 관대함을 실천할 수 있다. 하지만 더 큰 공적 현실에서 우리의 관대함은 자기 이익과 이기적 안녕을 지켜야 할 필요 앞에서 위축된다. 이런 관대함이 탐욕의 이데올로기 안에 자리한다는 이유로 공적 영역이 피해를 입고, 자신을 지킬 지렛대가 없는 이들은 눈에 띄게 뒤로 밀려나 버리는 결과가 벌어지고 만다. 데즈먼드의 지혜를 따라 제안했듯이 우리가 해야 할 일은, 하나의 대안 경제를 제시함으로써 규제받지 않는 자본주의의 악습에 도전해야 한다는 것이다. 성서의 증언은 그런 대안을 끊임없이 제시한다. 고대 이스라엘이 기억하는 출애굽 사건은 소풍이나 여흥이 아니라 역사를 뒤흔든 결정적인 사건이었다. 그것은 이미 존재하는 제국의 사회-경제 권력(이 권력을 상징하는 인물이 파라오였다)과 노예로 붙잡혀 파라오의 독점 체제를 섬기던 이들 사이에 벌어진 치열하고 결정적인 대립이었다. "여러 민족이

21　"Market" by Gerald Berthoud, in *The Development Dictionary: A Guide to Knowledge as Power*, 2nd ed., edited by Wolfgang Sachs, Zed Books, 2010, 74, 79를 보라.

뒤섞인 허다한” 농업 노예들은 그들을 해방시켜 주신 하나님의 명령을 따라 파라오의 제도적 착취를 거부했다. 그 용감한 무리는 시내산에 도착했고, 모세는 거기서 하나의 대안 경제를 담대하게 선포했다. 그 경제의 기초는 그가 제시한 계명 중 열 번째 계명인 “탐내지 말라”(출 20:17)다. 모세는 이 간결한 명령이 창조(피조 세계)의 조직(fabric)에 새겨진 것처럼 토판에 새겨야 한다고 주장했다. 모세가 이처럼 대안 경제를 천명하고 난 뒤, 다시 이것에 힘을 실어 준 것이 예언자 전승이 쏟아 내는 절박한 목소리와 지혜 전승이 외치는 분별력 있는 지혜다. 그 모든 목소리, 곧 모세와 예언자들, 지혜자들이 외치는 소리는, 이웃 사랑이 사익을 앞세워 이웃을 약탈하고 이득을 취하는 것보다 앞서야 한다는 확신을 언약에 근거해 줄기차게 주장한다.

물론 신약성서가 증언하는 예수 운동도 모세가 꿈꾸었던 경제 질서를 다시금 강조한다. 예수는 경제적 확신과 실제의 문제에 관해 두 차례 독특한 지침을 제시하신다. “누구도 두 주인을 섬길 수 없으니, 이는 한 종이 이 주인은 미워하고 다른 주인은 사랑하거나, 한 주인에게는 헌신하고 다른 주인은 무시할 수 없기 때문이다. 너희는 하나님과 돈을 함께 섬길 수 없다”(마 6:24, 눅 16:13을 보라). 이 말에 따르면, 우리가 섬겨야 할 하나님은 해방을 가져다주신 모세의 하나님이자 시내에서 언약을 세우신 하나님이다. '부'(맘몬, 자본)에 맞서는 대안은 분명하다. 돈을 벌고 취하고 탐하는 일에 몰두하는 삶은 본질적으로 복음이 증언하는 하나님과 적대적이라는 인식이다. 제국이 예수를 처형한 것도 그가 옷차림이 초라했거나 말이 엉뚱했기 때문이 아니다. 제국이 예수를 처형한 것은, 그가 제국의 경제 이데올로기를 근본적으로 위협했기 때문이다.

성서가(모세 공동체와 예수 공동체가) 사익을 취하고자 공공선을 희생시키며 '탐내는 것'을 재앙이라고 인식하는 데는 그럴 만한 이유가 있다. 구약성서를 보면, 공동체에 재앙을 가져온 아간의 행태가 그런 점을 분명하게 보여준다. 아간은 여호수아에게 이렇게 자백했다.

> 나는 이스라엘 하나님 주께 죄를 지은 사람입니다. 나는
> 이런 일을 저질렀습니다. 나는 전리품 가운데 시날에서 나온
> 아름다운 망토와 은 이백 세겔, 그리고 오십 세겔 나가는
> 금덩이를 하나 보았습니다. 나는 그것들이 탐나 취했습니다.
> 그것들은 지금 내 장막 안 땅 아래에 숨겨 놓았고 은은 그 밑에
> 있습니다. (수 7:20-21)

신약성서 역시 같은 점을 강조한다. 사도행전 5장

1-11절의 내러티브는 한 지체가 공동체의 부를 사사로이 취했을 때 닥친 어려움을 다룬다. 아나니아와 삽비라에게도 증언할 기회가 없었다. 둘 다 죄가 드러난 현장에서 바로 죽임을 당했기 때문이다. 아나니아는 (재산을 판 것 가운데) 일부를 감추고 일부만을 가져와 사도의 발 앞에 놓았다(행 5:2).

골로새서가 '탐욕은 우상숭배'(골 3:5), 곧 거짓 신들을 받아들임이라고 결론짓는 것은 전혀 놀라운 일이 아니다. 따라서 우리는 사익이나 탐욕에 기초한 경제와 언약을 토대로 공공선에 기초한 경제 사이에 존재하는 심오한 이것 아니면 저것을 볼 수 있다. 이 이것 아니면 저것은 극명하고 타협의 여지가 전혀 없다. 이 성서 본문을 소중히 여기면서 그것이 참을 수 없는 곤궁과 과도한(한쪽에 너무 치우친) 부라는 현재 우리의 경제 위기와 관련이 있음을 분명하게 강조하는 것이 회당과 교회가 할 일이다. 나는 이런 본문에 기초한 공동체라면 두 가지 경제 사이의 모순을 마주할 용기와 정직함이 있어야 한다고 판단한다. 이 문제가 절박한 것은 (진보나 보수 할 것 없이) 신앙 공동체에 속한 우리 모두가 우리 일상의 삶을 그렇게 규정하는 모순 속에서 살아가기 때문이다.

물론 실제 현실에서는 이런 문제가 어려울 수밖에 없

다. 그것이 어려운 이유는 우리가 그런 믿음의 주장을 천명할 만한 확신을 충분히 갖고 있지 않아서다. 더욱이 실제 현실에서는 그런 문제가 지극히 복잡하게 엉켜 있다는 점도 일을 어렵게 만든다. 결국 실제 현실에서는 타협이 있을 수밖에 없는 정책과 법규를 통해 믿음이 요구하는 이것 아니면 저것을 배제할 수밖에 없다. 분명 이 이것 아니면 저것에는 어떤 형태든 성서에 나오는 두 공동체의 경계를 넘어 당연히 중요한 의미가 있다. 즉 이 특별한 본문들의 주장을 공유하지 않는 이들은 공공선과 사사로운 이익이라는 난제와 관련해 발생하는 동일한 위기에 부닥칠 수밖에 없다. 교회는 시장이 무자비하게 움직이는데도 공공 문제에 대해 침묵하고, 자선을 사사로운 이익을 도모하는 방편으로 강조함으로써 오랫동안 지속되어 온 공과 사의 문제를 해결하려는 유혹을 받아 왔고 그런 유혹에 쉽게 넘어갔다. 그러나 그렇게 공과 사를 가르는 행태는 결국 아무 결과도 만들어 내지 못한다. 그것은 믿음과 실제로 살아가는 현실 사이에 큰 단절만을 초래하기 때문이다. 따라서 우리가 작금의 경제 위기 앞에서 해야 할 일은 언약에 기초한 경제의 주장이 우리가 공공 영역에서 해야 할 실천에 필수 불가결하며, 또 어떤 식으로 필수 불가결한지를 보여주는 것이다. 이런 일을 하려면, 교회는 (지역 차원에서) 그동안 교회가 자주 가르치지 못했던 것을 가르치고, 제시하지 못했던 해석을 제시해야 한다.

우리는 여러 차원을 지닌 세속 사회가 믿음에 기초한 우리의 주장을 특별히 따르기를 기대하지도 않고 기대할 수도 없다. 그러나 우리는 경제 문제와 관련해 제시하는 그런 믿음의 주장이, 공공의 장에서 대화하고 정책을 마련할 때는 진지하게 받아들여질 수 있고 받아들여질 수밖에 없으리라고 예상한다. 교회가 되풀이해 온 문제는 공적 참여를 거부한 게 아니라 그런 확신을 표명하지 못한 비겁함이었다. 나는 교회가 경제에 관하여 믿음이 제시하는 시각을 분명하게 밝히면, 우리 사회가 진지하게 귀를 기울일 새로운 순간에 이르렀다고 본다. 정말 사람다운 사람들이 사는 공동체에서는 그런 주장이 실제로 설득력을 갖기 때문이다. 엘리야는 힘든 임무를 수행하면서 고독과 상실감을 느꼈을 때, 타협하지 않은 "7천 명이 아직" 남아 있음을 발견했다(왕상 19:18). 이렇듯 교회와 회당과 그 밖에 다른 공동체들에는 허다한 민중이, 이웃의 문제에 끊임없이 진지한 관심을 기울이는 허다한 민중이 있다. 우리가 할 일은 그런 무리를 모아, 변화를 일으키는 정치적 에너지로 승화시키는 것이다.

이 책을 번역하면서 자본주의 또는 맘몬이 곧 하나님인 이들에게는 이 책이 큰 충격이자 걸림돌일 것이라고 내내 생각했습니다. 그만큼 이 책의 메시지는 큰 도전입니다. 더욱이 성서를 평생 깊이 연구해 왔고 성서 해석과 역사에 조예가 깊은 학자가 성서의 가르침에 어긋나는 사회 현실을 조목조목 짚어 가며 예리한 대안을 제시한다는 점에서, 적어도 그리스도인이라 자칭하는 이들에게는 이 책이 여태까지 몰랐던, 아니 여태까지 일부러 회피해 왔던 성서의 가르침을 정면으로 응시해야 할 의무를 안겨 준다고 봅니다. 이 책은 미국 사회학자 매슈 데즈먼드가 『미국이 만든 가난』이라는 책에서 예리하게 제시한, 세계 제1의 자본주의 경제 대국인 미국의 슬픈 뒷면을 하나씩 짚어 가며, 그 이면을 해결할 대안을 성서에서 찾아 제시한 하나의 강령입니다. 따라서 세세한 내용을 설명조로 서술하기보다 큰 줄기에 해당하는 것들을 선명하게 천명하는 형식을 취합니다. 저자는 구약학자이지만, 구약뿐 아니라 신약에서도 자신이 주장하려는 대안 경제의 바탕을 충실히 찾아 제시합니다. 저자가 아우르는 범위는 창조부터 시작하여 예수의 사역과 초기 교회 역사에 이르기까지 아주 넓고 깊지만, 저자는 자신이 각 장에서 다루는 주제에 맞게 핵심 골자를 골라 잘 제시해 놓았습니다.

오늘날 인간의 탐욕이 빚어낸 지나친 빈부 격차, 경제 정의의 실종, 환경 파괴, 공동체 붕괴 등을 염려하는 목소리가 사방에서 들려옵니다. 저자의 나라인 미국뿐 아니라 우리나라에서도 그 목소리는 점점 커지고 있습니다. 그런 문제들을 해결할 길을 모색하는 노력이 여러 방면에서 이루어지고 있지만, 한국 교회, 특히 소위 배부른 교회는 그런 문제에 귀를 닫고 눈길조차 주지 않는 모습을 보입니다. 이 책은 교회가 그저 자선 활동이나 하며 개인 차원에서 선행이나 하라고 독려하는 정도로 그쳐서는 안 될 정도로 현실의 위기가 절박하다고 고발합니다. 이제는 교회가 그렇게 안이한 도피에서 벗어나 공공의 장에서 우리 공동체를 생각하고, 우리 이웃과 더불어 살아갈 길을 적극 모색하며 나서야 할 때입니다. 이 책은 교회가 왜 그래야 하는지, 그리고 교회가 어떤 식으로 그런 일을 행할지를 성서의 가르침에 근거하여 제시합니다. 오늘 한국 교회가 진지하게 읽고 이야기해 봐야 할 내용이 아닌가 싶습니다.

브루그만의 글은 늘 어렵습니다. 특히 그의 글은 번역하기가 힘듭니다. 그가 구사하는 단어도 깊은 의미를 함축한 추상어가 많으며, 친절한 설명보다 어떤 깊은 사색의 결과를 여과 없이 그대로 적어 놓은 것 같은 문장이 많습니다. 독자들께 최대한 다가갈 수 있는 번역을 위해 애썼지만, 그럼에도 원문의 테두리를 존중할 수밖에 없었기에 쉬이 읽어 나가기가 어려울지도 모르겠습니다. 모든 것은 부족한 번역자 때문이니, 독자 여러분의 너그러운 이해를 부탁드립니다. 좋은 책을 번역할 기회를 주신 복 있는 사람 출판사에 감사드립니다. 하나님께서 이 나라를 긍휼히 여기시고, 이 백성을 불쌍히 여겨 주시기를 간절히 기도합니다. 감사합니다.

2025년 8월

옮긴이 박규태